JN183594

集合住宅30講

植田実

みすず書房

目次

集合住宅*30*講

写真（特記外）植田実

ジーメンスシュタット第2ブロック、
住戸のドアノブ。
1ページ・同潤会代官山アパートメント。
2-3ページ・端島日給社宅（軍艦島アパート）。
4-5ページ・カール・マルクス・ホーフ。
6ページ・ロミオとジュリエット
8ページ・カステル・ベランジェ

集合住宅30講

様式と計画

戸建て住宅は住む人の好みが強く投影されるから、様式（スタイル）が重要である。集合住宅は複数の住まいを合理的に、しかも住みやすいように並べる必要があるので、計画が大切である。こんな印象が強いのではないか。見方を変えると、戸建て住宅こそ長い年月に耐えるプランニングがしっかりしていないと、じきに不満だらけにの住まいになってしまうし、集合住宅はどんなに多様な間取りが用意されているとしても、基本的には規格品としての住まいなのだから、それとつきあっていくためには好ましい様式で統一されていることが切実になる。

建築家が新しいビルディングタイプとしての集合住宅を手がけるようになったのは十九世紀の終わりごろ。もちろんそれ以前にも集合住宅はあったし、さかのぼれば古代都市にだって遺構がある。ここでいうのは近代という時代意識のなかで建築家が平面計画と様式をあわせて設計するようになった集合住宅。たとえば十九世紀のオランダでは集合住宅は不動産屋が全体の配置、住戸を計画し、表通りに面した壁面だけを建築家に任せていた。いってみれば表層デザイン、パッケージデザインであり、集合住宅

次ページ・エイヘンハールト集合住宅。
住戸内から中庭を見る。塔の右奥は小学校

エイヘンハールト集合住宅全景。上部長辺の先端に旧郵便局（aerophoto stock.com）

はまだ建築とはいえなかった。一九一〇年代にアムステルダムの建築家ミケル・デ・クラークが設計したエイヘンハールト集合住宅（一九一九年）は学校、郵便局（現ミュージアム）などと一体になっている。集合住宅はひとつの小さな街という発見から建築家との関わりが始まったといえる。外観は煉瓦やタイルでできた巨大な表現主義的彫刻といった印象で、伝統的な職人技術をフルに活かしながら限られた場所に「都市」をつくるためにそれまでの建築にはない凝縮が生じている。二十世紀はじめの集合住宅は、その意味では異形である。

それより十五年ほど前、パリのフランクリン通りに出現したオーギュスト・ペレ設計の集合住宅は、その計画と様式において現代にも変わらない集合住宅のあり方をすでに形にしていた。七階建ての建物でワンフロアに一住戸、両隣も同じようなビルに挟まれているから小規模の都市型住居といっていい。しかしただのビルではない証拠に、通りに面した中央部が引っ込んでいる。各階の住戸平面をU字型にして、セーヌ川の眺望へと開口部をできるだけ大きくとった姿にみえる。「住む」ための建物にみえる。階段室や水まわりはできるだけ隅部に寄せ、中央部分を居室にしている。各階とも同じ間取りだが、間仕切りの開閉によっていろいろな使い方ができる。規格性と多様化、そして眺望の重視はすでにいまの集合住宅と同じになっている。

さらに、この建物にはペントハウスがある。当然ながらこの最上部の住戸からの眺めがいちばん恵まれているわけだが、このように眺望というメリットからペントハウスを「発見」したのも、このフランクリン通りのアパートにおいてであるといわれている。むかしルネ・クレール監督による『パリの屋根の下』(一九三〇年)という映画があったけれど、パリの屋根裏に住むことはすなわち貧しい芸術家である証拠だし、バーネットの『小公女』(一九〇五年)でも裕福な家の少女が寄宿舎学校で大切にされていたのが、父が財産を失うと一転、屋根裏に追いやられてしまう。最上階とは貧しい、下層の者の住空間だった。しかし同時にそこは小鳥たちが訪れ、朝夕の美しい空模様が楽しめる場所に転化されうることを映画も小説もすでに暗示していた。ペレの集合住宅はそのように新しかった。外観も梁、柱の構成が際立って、いかにもモダンである。しかし近寄ってみると、陶製の花や葉が梁柱のあいだを隙間なく埋めている。装飾的要素を捨てていない。世界最初の鉄筋コンクリート造アパートメントであると同時に、住むための建築に不可欠な様式が部分的表層まで後退した事例である。

さらに時代をさかのぼると、二十世紀を目前にした一八九八年にパリ十六区に出現したエクトール・ギマール設計のカステル・ベランジェがある。いまでもパリ市内の支配的イメージであるアールヌーヴォー様式のメトロ・ゲートのデザインでよく知られているギマールは、六階建てに三十六住戸を積み重

次ページ・フランクリン通りのアパート
17ページ・カステル・ベランジェ(2点とも)。
上・中庭を見上げる。下・中庭に面した室内

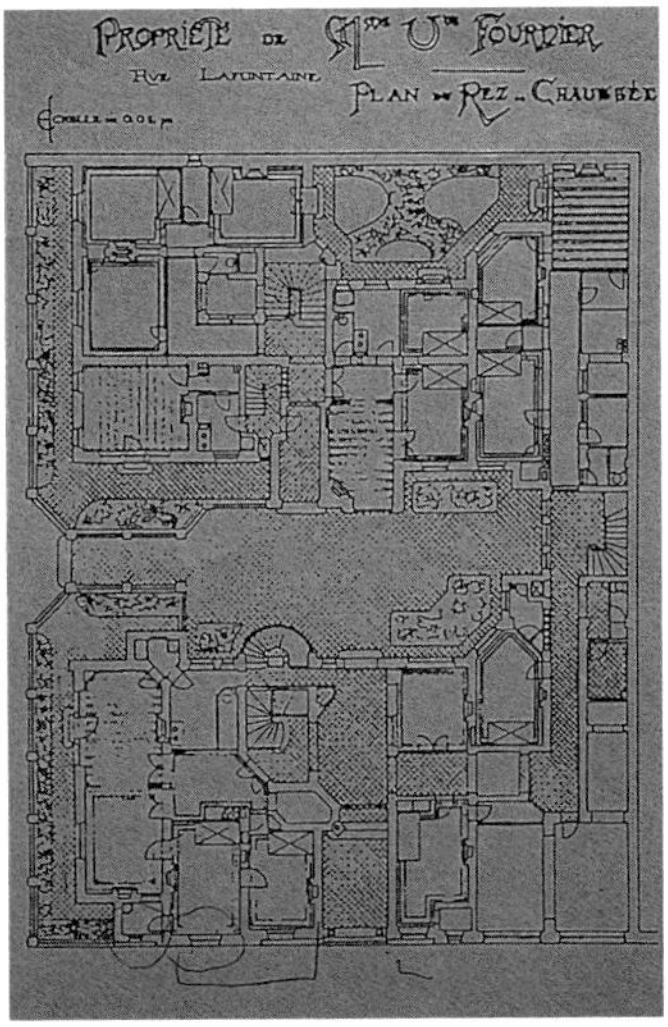

カステル・ベランジェ1階平面図

ねている。平面計画は整然としたグリッドを下敷きにしているが、三十六住戸の間取りを大小あれこれと変えながら巧妙に組み合わせている。規格による統一というよりは、お屋敷町を立体化したような気分をかもしだしている。外観も石、煉瓦、タイル、鉄、ガラスと新旧の素材をコラージュし、屋内に入れば階段室のコーナーごとに花台をつくったり、住居のドアの前は床のタイルを切りとり、靴ふきマットを埋めこんだりと、細部までもお屋敷風にまとめている。屋上階に近づくにしたがって、バルコニーや華やかな庇《ひさし》やドーマーウィンドウが田舎の気分を晴れやかに演出し、それは地上階まわりがいかにも都市の中心部のような即物性を見せているのと好対照だ。集合住宅を小さな街とみなして設計すれば、都心から郊外までの心象距離を操作することもできる。ギマールはそこに戸建て住宅以上のおもしろさを予感したにちがいない。そしてその三十六住戸を規格によらず統一体にするために、彼はアールヌーヴォーというデザイン史上でもとりわけ柔軟かつ強力な様式を活用したのである。

十九世紀末から二十世紀初頭のわずか二十年間に、未知といっていいビルディングタイプにたいして、一挙に現代にまで生きつづける解答、いや問いが出された。それは集合住宅における計画と様式とのせめぎあいが建築に隠されていた潜在能力を引き出し、近代を形にしてみせたシーンとみえた。

同潤会アパートメント消滅

二〇〇二年から翌年にかけて同潤会アパートメントは青山、清砂通、大塚、江戸川、その後二〇〇九年に三ノ輪、一三年に上野下の各街区が取り壊され、この歴史的集合住宅が身近だった時間がついにとだえた。

同潤会は関東大震災直後の一九二四年に財団法人として発足、震災復興に関わる調査研究、住宅建設などをおこなったが、一九四一年に解散、戦時の国策的性格の強い住宅営団に引き継がれたから、十六年ほどの活動でしかない。しかし一九二六年からわずか九年間に、都内および横浜の十五あまりの街区に出現した鉄筋コンクリート造の集合住宅、すなわち同潤会アパートメントは、現在にいたっても日本ではそれをこえるものがないといわれるほど建築として、また住まわれている景色が魅力的だった（青山、清砂通、鶯谷、大塚の四街区については『集合住宅物語』みすず書房、二〇〇四年、参照）。

同潤会を引き継いだ住宅営団は終戦とともに解散するから、あっという間のことだ。大震災のあとに戦後の焼け野原が来る。災害を契機に東京の住まいは更新されていく。一九六四年、東京オリンピック

AKAFUJI

を機に拡張された道路中心に再編された街には意欲的な企画と設計による民間のいわゆるマンションがいっせいに登場したから、その質が高くなければこの年もある意味では災害年だった。

戦後、一九五〇年代初頭から公営公団住宅が、これも日本人のそれまでの住生活を根本から変えるほどの勢いで建てはじめられる。日本住宅公団はその後は事業内容をさらに展開し、名称も次々と変わり、いまはUR都市機構。活動を続けてすでに半世紀におよぶ。その集合住宅建設総数と比べれば、九年間につくられた同潤会アパートメントはあまりにも少ない。しかし八十年から九十年も前のそれら古い古い集合住宅が、存在感においてはまったく引けをとらない。同潤会アパートメントとは千年に一度、一瞬の出来事であったようにさえ思える。たとえば、それまでの住まいや街に結びつくようには見えなかった。木造家屋しかなかったところに出現した耐震耐火の三、四階、終わりのころは五、六階の建物はまったく異質だったにちがいない。焼け野原になったところに建てられたとしても、人々はまだそれ以前の木造の家が立ち並ぶ風景をその更地に重ね合わせて記憶していたはずである。新しい集合住宅を学校かデパートメントストアかとみなした人が多かったという。それらの建物はすでに見慣れていたわけだが、住む建物となればまったく違う意識が人々を襲ったはずである。

従来の住生活環境の文脈を断ち切って、容赦なく計画と設計を通じて実現させてしまった建物である。しかも集まって住む関係、たとえば長屋のような形式を一挙に変えてしまう近代という枠のなかでのビルディングタイプ、すなわち「集合住宅」がはじめて日本の街のなかに入りこんできた。

その後、こうしたアパートメントの影響を受けて、都市の住まいが少しずつ変わっていったかというと、そうは断定できない。東京空襲ではふたたび同じ街が火に包まれ、たとえば江東区の清砂通では、

20ページ・同潤会青山アパートメント、表参道側。

前ページ右上・清砂通アパートメント。7号館階段室下の通り抜け。

左上・大塚女子アパートメント。応接室から中庭を見る。下・同個室

同潤会江戸川アパートメント模型。奥のコの字型が1号館、手前2号館

結局残ったのは同潤会アパートメントだけだった。関東大震災後の焼け野原にそれが新しく建ったときの風景が敗戦後の同じ場所に再現された。

現在も集合住宅は街に突然出現する。それを和らげるために、既存の環境に配慮した、調和を乱さない、人にやさしいなど具体的なイメージは判然としないままの設計手法が謳われる。それこそ周りに容赦なくつくれる時代ではなくなっている。しかも環境そのものがつねに変動的になっている。

同潤会アパートメントは多くを欧米の先行例に学んだ。その手本から集合住宅なるものの理想像を、それ自体完結させうる内容として徹底して追求した。追求することが許された。すなわち未来の建築であった。その志向のなかで年を追って設計の密度が高まっていったにちがいない。だから震災復興のなかでの福祉住宅的な性格からスタートしながら、わずか十年のあいだに東洋一を誇るような超高級アパートメントにまで達したのだと思う。さらには男子専用、女子専用アパ

ートまで計画され、実現してしまったのは集合住宅というビルディングタイプが内包する自律運動の結果ではなかったか。その空間、たとえば江戸川アパートメントの共有階段ホールの広大さひとつをとっても、集合住宅設計が想定すべき供給対象という枠組みから逸脱し、理想を求めて展開されていったとしか思えない。

立地としても、多様な場所を存分に使い分けた。ゆるやかな坂の表参道に東京でも屈指の街並みを展開した青山街区、店舗と住まいの重層を通りの顔にしてみせた柳島や清砂通街区、丘と谷の地形に二階四住戸を点在させ、道をまたぐブリッジと長い住棟をたくみに組み合わせて自然の恩恵のただなかにあった代官山街区。その他どの街区も立地を驚くほどみごとに浮き彫りにして、そこを訪れる者にも教えている。既存の建築設計を飛びこえて、土地に対応した結果だった。

江戸川アパートメント住戸内

設計に関わった建築家たちの名は明らかにされていなかった。最近の研究で次第に確定されてきているが、それは問題ではない。建築家の名において設計するのではなく、集団として理想を追求した人々による集合住宅は、長い歳月をこえて住む建築の魅力を私たちにたしかに伝えたのである。世界の建築が同じように開かれたデザインのもとで新しい空間を獲得すること。それは、本来は無名性と表裏一体の思想だったはずである。

前ページ・江戸川アパートメント
2号館階段室

モダニズム建築の謎

集合住宅ってどうしてこんなに突飛なデザインが多いんだとはよくいわれるが、世界の近現代建築史のなかではとくにヨーロッパにおいて著しい。最強の建築家たちが集合住宅という未知の建築ジャンルにとりくむことになったときの驚きがいまも建築に歴然としている。その人たちが時代の変わり目を残した。この建築は不特定多数の家族が住む容れ物だが、その家族の階層のあらわれにもなる。個の領域と公の領域との関係に世界の人々それぞれの住まい方の共通項など簡単に見つかるはずはない。それを求める理想のあらわれでもある。実現したものが街に受け入れられようと工夫をこらした形態や素材や色彩はまだそこにある。自分自身の住まいと重ね合わせて、それを好きだとか嫌いだとか言っている。集合住宅とは他の建築と比べて他人事ではない気持ちにさせる、そんな建築である。

一九七〇年代に入って、建築界では合理性や経済性を重視するあまり同じような退屈な建築ばかりがつくられている状況を批判して、もっと表情豊かな建築ができる仕組みを考える動きが始まったといわれる。すなわち設計者のサインなど入っていないむかしながらの集落や街なかの商店建築、各時代の歴

カサ・ミラ（竣工時）

史的様式のもつ強いメッセージ、さらにはギマール、ガウディその他の近代初期の建築家たちの特異な個性が、まったく新しいデザインの原料に見えてきた。装飾的な要素を加えて目鼻立ちを整えるというだけではなく、古今東西の建築がどのように構成され、どのような発信力をもったのかがあらためて厳密に分析されて建築作品にも反映されたというわけである。

ポストモダニズム、すなわちモダニズムの後、という命名はモダニズムの終わりで、そんな理解はさまざまなジャンルの建築――庁舎、図書館、美術館、スポーツ施設、商業施設等々に波及していったけれど、表面的装飾的なレベルでも気安くとりいれられる動きがますます加速したあげく、建築表現の祝祭は思ったより早く飽きられてしまった。祭りには終わりが来る。でも、いい建築も残された。

集合住宅というジャンルにおいてはどうだった

28-29 ページ・レイクショアドライブ・アパートメント（3点とも）。右ページ・外観を見上げる。左手の 860 はワンフロア 4 戸、右手の 880 は 8 戸が標準。左ページ上・1 階ピロティ。左下・860 最上階、ミシガン湖を望む 1 室

のか。ポストモダニズムがその仕組みにまで深く作用して、もっとも有効にあらわれたのがじつは集合住宅ではなかったかと私はひそかに思っている。集合住宅内の個々の住戸に一戸建て住戸に伍す個別性を表現するとは個別性による支配、中心のない建築である。たとえばサグラダ・ファミリアとカサ・ミラ（一九一〇年）は同じガウディによる設計でありながら根本的に違う。カサ・ミラには中心がない。屋上に並び立つ煙突や階段室はその告知のようにもみえる。当初は予定されていた聖母マリアのレリーフがなくなったとたんに純粋な集合住宅、すなわちモダニズムの領域に、しかし先行するポストモダンとしてあらわれ、そのまま現在にありつづけている。

集合住宅設計のこの流れには可能性と限界がある。建築家の個性が大きく関わっている。優れた個性が存分に発揮されたものはアートといってもいいほどの魅力を放っているが、同時に建築家個人の枠内での仕事でしかない。ギマールやガウディによる集合住宅は建築遺産としていまは大切に扱われているが、もともとは特殊な事例である。特殊な事例は現代にいたって増幅し、若い世代の建築家の名前まで一般にもよく知られるようになった。それぞれの個性によってであり、だから好き嫌い、住みたい住みたくないという印象マップのなかにそれらの建築群は位置づけられている。

そしてこの基底にははるかに膨大な数と量の建築がひそんでおり、その実現には共有できる計画理念や技術の進化が欠かせない。その全体が私たちの生活する都市になっている。こうした個の表現や共有する計画や技術の歴史を見渡しているような記念碑的集合住宅がある。一九五一年、シカゴのミシガン湖畔に出現した「レイクショアドライブ860／880」（番地名がそのまま建物名称となっている）で、設計はルードヴィヒ・ミース・ファン・デル・ローエ。集合住宅という新しいビルディングタイプをこれほど雄弁かつ直截に世に知らしめた事例は他にはない。二十六階建てのほぼ同じ形の二棟がL字形に配されたもので、鉄骨造で各階が四面とも床から天井までガラス張り。中心部にエレベータと階段室があり、そこから各住戸への廊下が四方に伸びている。だから外観はどこから眺めても完全なガラスの箱。それまで想像もしなかった建築の実現に誰もが驚くしかなかった。

けれども、いまこの建築についての歴史的予備知識をもたない人がその前に立っても別に驚かないだろう。一見どこにでもあるふつうのオフィスビルと同じなのだ。だから世界最初の総ガラスの高層建築とか、合理性と経済性を極限まで追求した嚆矢とかの言われ方で称賛される。そこにミースによるオリジンとその考え方に追従したコピーという構図ができあがる。それがモダニズム建築の末路だと批判もされたのだが、じつはオリジンとコピーではなく、両者はまったく別の範疇の建築ではないか。

三十年前になるが、シカゴとニューヨークに行った。ミースの建築をできるだけ多く訪ね、彼の墓にも詣でた。彼を知る建築家たちにインタビューした。レイクショア以後のミースの手がけた建築を見て思ったのは、彼自身によるものでさえレイクショアとは違う。的確な改善が施され、コンクリート造やアルミによる被覆を試みて、より合理的経済的に解決され、住まい手にも快適に、つまりはレイクショアよりよくなったはずなのに、ふつうの優れた建築に近づいている。レイクショアはガウディと同じように、ある幻影を建築化したにちがいない。だが、あからさまな個性でも普遍をめざす無名性でもない名状しがたいオーラが、見る者をモダニズムの根源へと導く。その不思議を具体的に説明することは容易ではない。解明はこの先にある。モダニズムは様式の名ではないのだ。

ピロティの発見

建築専攻の学生が二十世紀の集合住宅についての授業で、第一にその事例と設計者の名を教わるのは、たぶんル・コルビュジエの「マルセイユのユニテ」（一九五二年）だろう。名作である。問題作でもある。というのも、集合住宅というビルディングタイプの特異さを徹底して示したからだ。この建築についてはこの先いくつかの切り口で登場するはずだが、まずそれはどのように建っているのか。

ユニテの地上階はピロティになっている。ピロティ（pilotis）はフランス語で基礎杭。英語でいえば pile foundation で、土木用語というべきだろうが、ル・コルビュジエがこの言葉を使って以来、世界中の建築家のあいだで普遍的な建築手法になった。ユニテの地上階にはエントランスホールや管理室がある。しかしそれ以外はピロティ、つまり柱が立ち並んでいるだけの空間である。建物が大地を占有してはならない、高層建築は大地を開放するためにつくられる。彼の主張だった。

ユニテの太くがっちりとしたピロティの上には人工土地がつくられ、そこに設備の配管配線が収められる。その上に十七階、三百七十七戸の住居とオフィス・商店・ホテルが載せられている。それだけで

次ページ・マルセイユのユニテ・
ダビタシオン南側外観

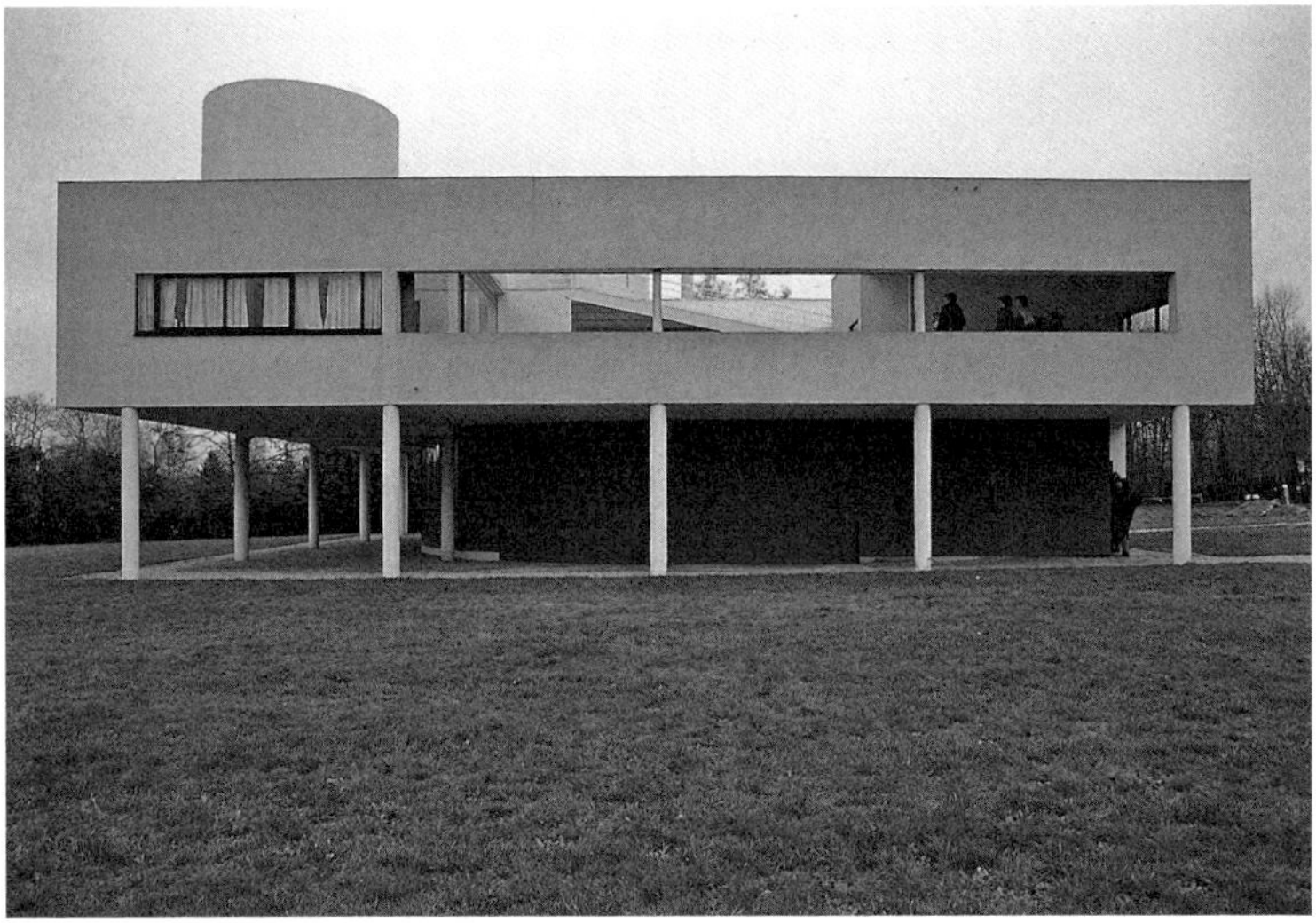

サヴォワ邸西側外観

はない。人々が住み、生活している街ならば、本来はその地上部に、あるいは周辺に設置されている幼稚園やプール、子供の遊び場やトラックなどが、すべて屋上にある。ユニテのピロティとは、それが建つ地上階を開放しているだけではない。その周辺部まで開かれた大地として残すために、眼についた共有施設を片端からつかまえてはポイポイと頭の上、すなわち屋上に載せてしまう、この環境力とでもいうべきものの発動機が、すなわちピロティだった。

奇想である。だからこの集合住宅が登場した当時は毀誉褒貶の嵐に巻きこまれた。私が訪ねたのは竣工後四十年近くだったが、マルセイユ駅から現場に向かったタクシーの運転手が「ああ、あの変人の建物ね」と答えたときには、この建物がまだ出現したときの終わりのない物語のなかにあるような気分におそわれたものだ。

しかしピロティによって空へと浮上した集合住

宅の周りに広がる芝生は、もうただの地面ではない。公共のために獲得された大地に変わっている。その転換を誰にもわかるように建築そのものが端的に示した。それは集合住宅と公共性とを強く結びつける契機ともなった。

ル・コルビュジエは、その後フランスの北西部（レゼ）や北東部（ブリエ・アン・フォレ）、あるいはドイツのベルリンなどでも同様のピロティに支えられたユニテを実現している。それらのピロティ群はさまざまな形に変えられて壁柱の連なりになったり、脚元が湖の水に浸されたりしている。ピロティとは形状や立地に規定されるものではなく、人が集まって住む建築に有効な普遍的コンセプトのひとつなのだと、建築家はそれを伝えるためにこの発明の可能性を追求したのだった。

日本においても多くの建築家たちがピロティを採用した建築を設計している。よく知られているのが、これは集合住宅ではないが丹下健三による広島平和記念資料館で、マルセイユのユニテの竣工と同じ年に竣工（ユニテの計画案はその七年前に発表されている）。資料展示室だけを載せたピロティは真正面に原爆ドームを望んでいる。平和記念公園のゲートとしてピロティがその威力を発揮した例である。まさにそこはすべての人々のための場所だった。その翌年、丹下自邸が完成する。木造二階建ての地上部分は、やはりピロティ。木の細い柱でつくられていた。ル・コルビュジエもサヴォワ邸（一九三一年）と呼ばれる二階建ての住宅を設計しているが、一階は寝室と三台分のガレージ。その外側が細い鉄骨柱の並ぶピロティ空間になっていて、車寄せとして使われている。自動車の動線を住宅のなかに引き入れる試みがピロティという新しい空間を自然に生んだとも思える姿だ。

都市再生機構（旧日本住宅公団）が各地に住宅団地をつくりだしていたころも、当然ユニテの影響を受

次ページ・ガララテーゼ集合住宅D棟1階柱廊。37ページ上・同西側外観。中央の東西各2本の円柱以外はすべて壁柱。下・熊本県営竜蛇平団地。南側外観

けてピロティはさまざなやり方でつくられていた。その周りに広がる緑豊かなオープンスペースとともに共有空間を形成するという意図による。けれどもパーキングにも都合がよいので、規律や管理が支配する風景になるのも当然である。

アルド・ロッシがミラノ郊外に設計したガララテーゼ集合住宅（一九七三年）は長さ一八二メートルの細長い住棟だが、端から端まで背の高いピロティで徹底し、その上にわずか二、三階の住戸を載せているだけである。まるでピロティだけでできている建築みたいだが、しかもこの長い長い回廊にはベンチひとつすら置いていない。陽の移り変わりの演出ねらいでもない。ここまでやるとピロティ空間は虚構の精度を帯びてくる。すなわち建築的様式からもっとも遠くなる。日本でも同じように線状に長く延びたピロティのよい例がある。元倉眞琴が熊本市に実現させた県営竜蛇平団地（一九九四年）である。三角形の敷地に合わせて湾曲して連なる段状の住棟が共有庭を抱えこんでいる配置だが、道路に接するところは敷地を守るかのように、並木に沿って二階分の住戸を載せたピロティが続く。ミラノのピロティが非日常的な美しさで勝負しているとは対照的に、この熊本のピロティはメールボックスも駐輪場もある日常生活の強度を問う光景である。生け垣としてのピロティともいえそうだ。

紹介してきたのは、建築の地上階を吹き放ちにするというそれだけの手法である。建築の立地や環境をよく観察し、スケールや素材を十分に調整すれば、ピロティは建築の顔になるほどの効果をあげる。だが、おざなりにつくればゴミ置き場みたいな死んだ空間になってしまう。そしてはっきりしているのは、建築の威厳や優雅を引き立てる列柱や付け柱は様式、すなわち建築の全体に関わり、姿は似ているが力仕事をしているピロティのほうは建築のあくまで部分を死守していることだ。

ペントハウスと屋上

若い女たちのにぎやかなおしゃべりが響いている。歌っている声さえドアを通して聞こえてくる。それで目がさめた。ドアを開けてみると狭い廊下には、早くも他の部屋から回収された使用ずみのシーツが放り出されている。それを片づけていたお嬢さんたちが、おしゃべりを中断することなく歌の一節のように朝の挨拶で私に呼びかけてくる。廊下の天井は勾配屋根の形そのままに傾斜し、しかもガラス張り。モンマルトル近くの安宿に泊まった翌朝の廊下は、太陽がいっぱいだった。

四十日あまり、ヨーロッパ各地の集合住宅を取材する旅をしたときのことで、このパリの気さくなホテルはとりわけ楽しかった。とはいえ、連日こんな屋根裏に泊まるのであれば疲れてしまう。前にふれたように屋根裏は貧しい住まいを意味していた。縦に積みあげられた住まいは、それがお屋敷ならば、二階あたりを主人のフロアとして、上に行くほど下働きの使用人の住まい、地下室は倉庫。集合住宅ならば最上階がいちばん安い部屋。各階構成が住まい手の階層を反映していた。昇り降りする階段はおそらく狭く、快い道ではなかったし、使用人は物の持ち運びにも苦労したはずである。

そこにエレベータが導入されるようになって以来、各フロアの価値は均一化されていく。均一化のなかで格別なフロアは、今度は屋上になる。屋根裏はペントハウスに変わる。それは、最初は予定していなかったエレベータを工事途中に採用することによって、一挙に眺望という新しい贈りものを一般庶民にまで分け与えることになったエッフェル塔の出現と時代をともにしている。欧米の大都市で、まずこうした「てっぺん」の価値を発見した集合住宅がつくられるようになり、その影響が全世界におよんできたわけで、現在、私たちのまわりにもこうした集合住宅はいくらでもある。住んでいた邸宅を建て替えて最上部の何階かをオーナーの住まいとし、その下の階を賃貸住戸にするなどはその典型だ。一方、不動産会社が企画する高層、さらには超高層マンションだって、エレベータが健在であるかぎりは最上階が特権階にちがいない。いいかえれば、ごく限られた住まい手がてっぺんを独占することになり、そういう集合住宅があってもかまわないが、同時に、住まい手みな平等というモダニズム建築にふさわしい設計も求められた。公共的な性格の集合住宅に、その解答は一応出された。最上階を公共的な場所にすることである。同潤会アパートメントには早くもその徴候がみられる。屋上を洗濯物干し場にした。大塚女子アパート（一九三〇年）はそれに加えて何十もの洗濯槽を青空の下に並べ、サンルームと音楽室まで設置した。それは眺望より健康のためのペントハウスだったと思える。

眺望重視はそのあとにやってきた。集合住宅じゃなくても、現在たとえば高層オフィスビルの最上階にあるレストランやバーに行くと特権的気分を味わう。東京都庁の展望室みたいな素っ気ない場所でさえ、ある特別な感じがある。「下界」を眺望する快楽を最優先した部屋だからだ。これを天に開いた屋上にすると、地上の庭を空中に上げたかのように生活が織りこまれてくる。

40–41ページ・マルセイユのユニテ・ダビタシオン（3点とも）。右ページ上・東側外観。下・屋上プール。左ページ・同排気塔と体育館

健康も眺望も総合的に重層的に、そして集合住宅にふさわしい劇的な構成が現実になった場所は、やはりマルセイユのユニテ・ダビタシオンの屋上だろう。

それにしても異常というか突拍子もない発想だ。十七層の住居階の頭上に見晴らし台、プール、体育館、日光浴室、託児所、幼稚園、野外劇場などが載せられ、これらの施設を囲むように三〇〇メートルのトラック（競走路）が屋上の縁にめぐらされている。その結果、ふつうならこうした施設が並んでいるはずの地上部分には何もない。さらに一階はピロティになっているために、建物はいわば地上から離れて浮いている。「地上には緑を、すべての住居には太陽を」取り戻そうという理想を具体的な建築にするとき、ル・コルビュジエはこんな解答を出した。それは地上と屋上とを取り換えっこする発想以上に、圧倒的な造形力を示した解答だった。プールのわきにつくられた小山とも女のトルソとも見えるコンクリートの塊、上方へラッパのように広がる換気塔などは、それまでの建築にはなかった形である。遠くから見ると大客船みたいだ。彼は間違いなくそれを意識している。

取材旅行の初日に、ロンドンのバービカン住宅団地（チェンバレン、パウエル&ボン、一九六六―七六年）ではペントハウスの住まいを訪ねた。そのペントハウスの住み心地を訊くと、最上階っていうのはやはり問題があってね、雨漏りがねと、そこの主人は一瞬言葉を濁したが、でもここから引っ越すつもりはないよ、こんなに便利できれいな街だから、と声が明るくなった。人口六千をこえる大団地は、住棟に匹敵するあらゆる施設を擁して外に開かれた街である。住棟のいくつかにはル・コルビュジエの影響が感じられるが、施設群はユニテのように屋上にあるのではなく、まともに地上に配されている。というか、いくらコルビュジエでも学校、美術館、レストラン、教会や墓までは屋上に載せられなかっただろ

バービカン、人工湖上に建つギルバート・ハウスのペントハウスからの眺望。次ページ・同室内

う。そのなかでのペントハウスはその「街」全体を見渡せる特権的住居である。

マルセイユのユニテには見学者が多い。勝手に屋上にまで上がってきてしまう人もいる。そこには住人たちがプールのまわりに水着のままで寛いでいたり、子供たちが日光浴室で遊んだりトラックを走りまわったりで、まるで無防備というかよそ者がカメラを向けたりしても知らぬ顔。ほかの団地は、こうした公共的といっても住民同士のプライベートな場所は厳しく守られているのだが。共同所有者組合の会長さんに「かまわないんですか?」と訊いたら、「これだけ有名な建築だから見学者が多いのは仕方ない。みんなももう慣れていますよ」。ここだけのプライドと寛容があった。

屋上には私と公との領域が思いもかけず入り組んで、ばあいによってはその関係が裏返るような位相がある。屋上とペントハウスとの距離はさらに微妙である。

バルコニー効果

ミース・ファン・デル・ローエのレイクショアドライブの外観写真（二八ページ）をあらためて見直してみると、やっぱり変だ。集合住宅というよりはオフィスビルとしか思えない。バルコニーがないからだ。ミースが集合住宅という均質空間をつくるために徹底して行使した思考と方法は、あとからみればオフィスビルにふさわしかったということである。都市の現代的光景は並び建つ高層ビルに集約されるが、そのなかにバルコニーを組みこんだビルがあると、あれは集合住宅だとすぐわかる。合理化の徹底ぶりにおいては人間の働く建物が時代の先端を走り、人間の住む建物は一息入れ、ときによっては後ろを振りかえってさえいる。住む空間は紀元前からそれほど変わっていない。バルコニーは暮らしていくうえに必要な庭、あるいは裏庭である。これを現代の均質建築のなかにどう取り入れるか、どう積極的に表現するか、それが二十世紀初頭からの、ついで第二次大戦後のレイクショアドライブを経たのちの、それぞれの時代における建築家たちの大きな課題だった。

たとえば一九一〇年、バルセロナ中心街の交差点に出現したアントニオ・ガウディ設計によるカサ・

ミラは全体が奇岩のような特異な形で知られるが、各階の窓辺をうねりながらつなげているバルコニーがあるために、近代的な集合住宅として目に映る。もしこの六層分の波打つ外壁に窓だけがうがたれているのだったら、むかしながらの穴居住居みたいに見えてしまうだろう。縦に重なる住居に合わせて、庭も重ねられて外気に接する。このバルコニーは王のお立ち台でもなければ政治家の演説台でもない。生活の庭である。空中にある点では新しい時代の装置だが、そこに垣間見えるのはふつうの家族の営みである。カサ・ミラのバルコニーの手摺は既製の鉄材を引き伸ばし加工したもので、外から見れば岩肌にへばりついた海藻かと思うようなみごとな曲線である。建物全体から部分までを、自然の姿を再現するように連続させて、直線直角の形態要素を締め出している。過去の建築様式に頼らない。独創的である以上に自由。アールヌーヴォーというにはその様式をうっちゃり、自分の好きな生の形に呼びこむ。ガウディはあくまでモダニズムの精神による建築だと思いこむほうが彼に近づける。

その二十年後には、今度は直線直角のもつ合理主義を極めようとする建築が続く。たとえば六人の建築家が各住棟の設計を担当したベルリンのジーメンスシュタット団地で、ヴァルター・グロピウスによる住棟とそのバルコニーは現代日本の団地風景とほとんど変わらない。いまの集合住宅の基本形がすでにできあがっていたといっていい。しかし、フーゴー・ヘーリング設計の住棟ではバルコニーだけは大きい皿形にして突き出される。バルコニーの大盤振舞である。バルコニーはひとつの部屋である。間取りは共通して合理主義を追求しても、バルコニーだけはそれぞれの建築家の思いをややロマンティックにあらわしているような。そこはまず花を置く部屋なのだ。

戦後はオフィスビルの基本形がまず集合住宅として実現した。四面ガラスの壁、バルコニーなしが建

次ページ・カサ・ミラ。
49ページ上・ジーメンスシュタット第3ブロック。下・アレクサンドラ・ロード

「ロミオとジュリエット」。左ロミオ棟、右ジュリエット棟（ベルリン芸術アカデミー・アルヒーフ）

築を革新する。と同時にバルコニーだけで建築全体の壁面をつくってしまう。レイクショアドライブとはとりわけ対照的な手法を用いながら集合住宅の基本形をつくりあげたのがル・コルビュジエのユニテ・ダビタシオンで、各住戸の出入り口のある中廊下をいわば壁としてメゾネット住戸を組み合わせたから、長手方向のファサードを表も裏も全面バルコニーにすることができた。

外壁面からバルコニーが突き出すのではない。上下左右にバルコニーが連続しているので壁面というべき部分がない。もちろんバルコニーにガラスが嵌まっているわけではないので、言ってみれば孔だらけの彫りの深い壁だ。この蜂の巣に似たバルコニーの集合は、それぞれの袖壁すべてをアトランダムに彩色することでいっそう密度と華やかさが高まった。これもオリジナル・デザインで、この建築が紹介されるや否や、あっというまに世界中の建築家がまねをした。コルビュジエはユニテの大きな立面図を床に敷き、細かく切った色見本の紙を上から散らして色を決めたという。できすぎた話だが偶然をとりいれたデザインであることはたしかで、それはミースの厳密のうえに厳密を極めた思考と戦後モダニズムの表裏一体をなす。両者は一九五一、二年の完成。現在においてもこえられない建築であり、しかも集合住宅。時代力もあったにちがいない。これ以降、集合住宅の多様化に拍車がかかる。もちろん大勢《たいせい》はミースやコルビュジエを忠実に踏襲したもので占められているが、そこから触発されて自分なりの発想を展開しようとする建築家も少なくなかったのである。集合住宅は住戸の効率よい集積が第一条件だから、住戸内の間取り、住戸へのアクセスなどはどれほど工夫を凝らしても限界がある。だから建築全体の表現に設計の力点がかかる。その端的なあらわれがバルコニーである。それは閉じた住居が外気と接する貴重な場所というだけではない。周辺に対して集合住宅が開かれた表情をもつ契機でもあるのだ。既存の住環境に突如出現する巨大な異邦人が周りとどうなじむことができるか。それこそが現在にまでつきまとう、集合住宅設計上のもっともやっかいな難問なのだから。

ハンス・シャロウンはシュトゥットガルト郊外に「ロミオとジュリエット」という二棟の変形プランの高層住宅を設計する。なによりも目につくサボテンの刺みたいに突き出た尖ったバルコニーが元気だ。ロンドンにつくられたアレクサンドラ・ロードは、ゆったりとカーブを描く歩道の両側にセットバックした、いわば丘陵状の住居を構成しているが、見えるのはおびただしい階段とバルコニーだけで、まるで花壇のようだ。それぞれに街に語りかける言葉である。この言葉に肉声をつけるのは住み手である。実際にヨーロッパでは、ロンドンでもウィーンでもナポリでも道を歩いていてバルコニーに立つ人から声をかけられた。住み手にとってもあの場所は別世界なのか。

窓構え

戸建て住宅には、たいてい門がつく。といっても、郊外型住宅あるいは街なかでも広い敷地をもつお屋敷のばあいで、都市型住宅あるいは町家は、道路に面して直接入口ドアや、入ればすぐ店土間の引き戸がある。住宅の構えはそれぞれ多様で、アメリカ東海岸の住宅地のなかでは、道路わきに郵便受けだけがポツンとあり、塀も門もなくゴルフ場みたいに芝生が広がる奥に建つ住宅を取材した。かと思うと東京の下町の住まいを建て替えたお宅は、狭い敷地のなかで三階建てにして余裕ができたついでに門をつけた。その門から入口ドアまで三歩の距離だが、門のある家は住まい手の長年の夢だったのだろう。ところが近所の人たちが訪ねてくる機会が減った。「門があるとどうも気楽に寄れなくてね」と、隣家の奥さんはつぶやいていた。

門は、住まいの構成要素のなかでは独特である。人を招く機能にしては、ふだんは閉まっている。排除機能にしてはたんに形ばかりだ。そして重視されているのは佇まいやデザインだが、装飾とはいえない。すなわち門は「ここは私たち家族の家です」という告知機能を負っているのである。たんなる所有

次ページ・クローゼ・ホーフ

の告知ではない。家を持ち、住みつづけることの夢の告知である。家そのものや庭が歳月かけてつくりだすものの端的かつ集約的なあらわれが門である。

こうした戸建て住宅の構成と集合住宅の構成とは違うという話をしたいのである。集合住宅において門は形をなしていない。というより、どんな形もとれる。ゲートだったりポーチだったりロビーだったり、多角的かつ充実した機能が求められるからである。それ以上に共有の場である。門は広場のような性格となり、私領域と社会との境界となる。そして個々の入口ドアは、外の眼からできるだけ遠ざけられる。よく見え、活気が感じられるのはバルコニー側だ。洗濯物が干されたり人の動きが垣間見えたりする。けれども、そこは戸建て住宅でいえば裏庭である。本来隠されるべき場が集合住宅の見どころというか特徴となっている。戸建て住宅のそれとは倒立した構成である。

集合住宅という新しいビルディングタイプを建築家たちが設計の対象として取り組みはじめた十九世紀末期から百年以上かけて、門に代わる端的かつ集約的な告知の表現が探られてきた。それは「窓」ではなかったか。入口ドアのわきに小さな窓があったり、南面のバルコニーの奥により開放的な窓があったり、そのような生活的な機能を負う開口部ではなく、建物全体のファサードを形成する「窓」である。家族でも個人でもそこに住んでいる単位のあらわれとしての窓の集合体は、戸建て住宅とは違う数量と均一性と、あるときには意図されたランダムな多様性で都市光景の大きな構成要素になっている。日が暮れてそのひとつひとつに明かりが灯りはじめるといった、ごくあたりまえのことが建築を物語に変容させていく。

それは列柱のようなオーダーによる威厳あるいは優雅の演出とは違う。門の奥に形成される対称性の強い邸宅の完結的形式でもない。門構えに対して「窓構え」に腐心した建築家たちの試みは驚くべき多面体としてみえてくる。

エクトール・ギマールのカステル・ベランジェ（一八九八年）の六階に屋根裏階を載せた全三十六住戸の間取りはひとつひとつ異なる。客の多様なニーズに応えるべく多様な間取りを用意したという以上に、戸建て住宅を立体的に積み重ねるという意識が強かったのだとみえる。さらに推測すれば、ギマールは「集合」の名のもとに住宅のイメージを博物誌的に集めようとした。都会から田園、中世から現代のイメージがここに凝縮している。それが何よりも表通り側も中庭側も窓に集約されている。「集合」は新時代の概念だった。

ミケル・デ・クラークのエイヘンハールト集合住宅（一九一九年）では、住宅と小学校と郵便局とが融合し、その外壁は煉瓦というシンプルな素材で積み方をさまざまに変えて織物のようなテクスチャーで覆われているが、この塊の内圧ともいえる生活が煉瓦の表層を突き破るような勢いであちこちに顔を出している。それが驚くほど大胆な窓の形になっているが、不自然ではない。集住建築だから。

ウィーン市内の十数ヵ所に当時の社会民主党の市当局が建設した「ホーフ」と呼ばれる一連の集合住宅がある。そのひとつ、ヨーゼフ・ホフマン設計のクローゼ・ホーフ（一九二五年）は均一の窓が整然と並ぶ。しかし無表情ではなく、むしろ息を呑むような官能的で美しい密度が主調となっている。モダニズムが迫っているが、古典主義建築の名残も消えていない。

ギマールからホフマンの集合住宅までは三十年足らずである。多様な窓の集積が均一の窓の統合へと、すなわち集合住宅という新しい都市建築の形式が究められていく過程である。これに続いてグロピウス、

次ページ上・フンデルトヴァッサー・ハウス。
下・ラモト・ハウジング。
57ページ・ピカソ・アリーナ

WASSER

ル・コルビュジエ、ミース・ファン・デル・ローエなどの建築家たちが、いわば国際的共通言語としての建築の構成に到達する。モダニズムの建築とも国際建築様式とも呼ばれるが、一九三〇年代から第二次世界大戦後の五〇年代までに完成され普及する。私たちに身近なパブリックハウジングやオフィスビルディングにそれは顕著である。

集合住宅のように均一のユニットを集積する建築には、とりわけ計画と構法の合理化を追求するモダニズムがふさわしかったと同時に、壁と窓の対比が薄らぎ、住む人々の「個」が弱められてしまうことがたえず批判を招いてもいた。窓の復権を唱えるそうした例を選ぶとすれば、たとえばウィーンのフンデルトヴァッサー・ハウス（F・フンデルトヴァッサー&W・ペリカン、一九八六年）は勝手気ままに開けられたような窓のコラージュからなっている。しかし実際は八種類に限った窓を不規則に組み合わせ、カラフルな漆喰やタイルで仕上げるその手法はけっこうシステマティックである。またたとえばエルサレムのラモト・ハウジング（ツヴィ・ヘッカー、一九七五年）は、窓ばかりではなく部屋そのものまで多面体に変えて、個々が引き立つまでの極端な設計が試みられている。パリのピカソ・アリーナ（マノロ・ニュネズ＝ヤノヴスキー、一九八六年）は、円盤状の壁を八角形の窓で埋めつくしている。プレキャストコンクリートを存分に活用した設計だ。機械的なものと土着的なものとの重層。

任意に選びだしたこの三事例の完成年をみて気がついた。七〇―八〇年代のほぼ同時期である。建築は時代の強風をはらんで時代に抵抗している。現在はどうなのか。

ゲートとサイン

むかしは、といっても第二次世界大戦のただなかを過ごしていたころである。自分が生まれ育った東京は下北沢駅近くの典型的な郊外住宅地で、隣近所の子供たちと暗くなるまで外で遊んでいたなかで覚えているのは、近所をみんなで歩きながら家の一軒一軒を批評しあったことである。いまと同じで洋風和風が入り混じっている。建築についてどうこういえるわけではないから、それぞれの家の門と表札の文字を、好きだ嫌いだ、上手だ下手だと採点してまわるのが遊びになっていた。そんなことを思い出しながら現代の集合住宅の門（つまりゲート）や表札（いいかえればサイン）を考えてみると、印象に残るデザインはあまりない。住民全員の表札を通りに面してずらりと並べるわけにはいかない。でも建物そのもののサインプレートにしても、大きさやとりつけられた場所が微妙で見えにくい。しかも最近のはどこもそうだが、聞き慣れないカタカナの名称のばあいはメモを頼りに探さなければならない。人が住んでいる建物だから、学校や病院や警察署みたいに正面の壁や屋上に大きくわかりやすいサインをとりつけるのは控えたい気持ちは当然あるだろう。なかなかむずかしい。

KARL MARX-HOF

KARL SEITZ
HOF

カール・マルクス・ホーフ（2月内乱時）

ゲートというべき部分もあまりめだたずさりげなく、という配慮が感じられるものが多いが、よそ者は阻むという表情だけは断固として見せてしまう。ましてや門構えをとりわけはっきり見せているものからは、威圧感しかこちらに届かない。子供が見てまわっておもしろがる遊びの対象にはとうていならない。それは建物のデザインの問題ではない。現代都市の状況そのものである。

木造二階建てぐらいの古いアパートは玄関まわりもどこか気さくで、そのわきに掲げられた何々荘とか何々館とかの表札もそれぞれに家主の個性や気風がしのばれて、いまでもそういうアパートに出会ったりするとつい足を止めて眺めてしまう。公営の集合住宅団地にはゲートらしいゲートがなく、通りからオープンスペースにそのまま入れてしまう。公団団地では板状に並行配置された各住棟の壁面高く、棟ナンバーが武骨に書かれている。これもいまはかえって好ましい風景になっているが、こうした時代を経て住棟ひとつの規模が途方もなく巨大になったものを主流とする現在にいたっている。それでも周辺の街との関係は基本的に変わっていない。新しい工夫のゲートやサインがほしいのはそのためだ。

ウィーン市内の「ホーフ」と呼ばれる一連の集合住宅団地は労働者のための住宅であり、「アパートメントハウス」ではなく宮廷や屋敷を意味する「ホーフ」の名を使うのは「労働者たちの宮殿」を謳い

60ページ上・カール・マルクス・ホーフ、メインゲート。
下・カール・ザイツ・ホーフ。アーチ型車両用ゲートの
左右に歩行者用ゲート。前ページ・バイカー（2点とも）。
上・テラスハウスを囲む壁状住居群。手前ゴードン・ハウス、
奥はレイビー・ゲート。下・「壁」に空けられたゲート

あげるためである。当時の市政局は集合住宅が他のどの建築にもまして都市の主役が誰であるかを知らしめる象徴として演出した。タクシーを借りきって建築ガイドマップ片手に終日この「ホーフ」を十数ヵ所見てまわったことがある。どれもがまさにゲートとサインそのものの建築だった。

ある団地は住棟そのものがゲート状に中央部分を開け、そこに道路を貫通させている。またある団地は、ゲートの印象が際立つようにアーチ形にし、その上の壁面に大きなサインを掲げている。板状住棟の中心を二層ぶん切り取ってゲートの形にし、これを中軸として奥まで重ねるように並行配置しているために切り取られた開口部がトンネルのように連続する。上部の壁にはやはりこの団地の名と「ウィーン市」の名が大書され、竣工年まで添えられている。なかでも高名なカール・マルクス・ホーフ（カール・エーン、一九三〇年）はその名からして政治的プロパガンダの色合いが濃厚だが、全長約一キロ、七街区にわたる長大な二列の住棟が囲いこむ中庭に幼稚園、ランドリー、マーケット、図書館などの共有施設がある。そのメインゲートときたら、五本のタワー、彫像、アーチによってスタジアムを思わせる威容である。他のサブエントランスもいかめしい鉄格子の門扉で装われ、宮殿というより城塞といったほうがいいような風情だ。「ホーフ」はその成立背景が特殊でもあるために、大仰ともいえるサインは現代ではかえって新鮮だ。文字そのもののデザインが美しく、ゲートという形の強さを増幅した建築とあいまって、わくわくするような団地である。だいいち、これらのゲートは構えているけれど閉じていない。訪ねる者を迎えてくれる。

かつての城塞を思わせる団地は現代にもある。イングランドのニューキャッスル・アポン・タイン市郊外のバイカー再開発団地（ラルフ・アースキン、一九七一―八二年）は、外周部に長くうねる壁状の住棟

アブラクサス、「劇場」棟側ゲート

をめぐらせて外周道路の車の騒音を防ぐと同時に内側の低・中層の住棟群を囲っている。城内といった雰囲気の、小さな集落のような団地だ。この外周の壁のところどころがゲート状にうがたれていて、外部と内部のゆるやかな結節点となっている。中世的な手法がかえって斬新だ。

もうひとつ、パリ郊外マルヌ・ラ・ヴァレには、古代的な様相を帯びながら未来の建築とも思える「アブラクサス」（リカルド・ボフィル、一九八三年）がある。テリー・ギリアムの『未来世紀ブラジル』（一九八五年）のカー・チェイス・シーンはここで撮影された。外から見ると、巨大な弧状の住棟とコの字形の住棟とでぴっちり閉ざされているような印象である。だからその正面の、幅をあえて狭くし、高さのほうは逆に六階まで吹き抜いたゲートが、固い殻の裂け目のような劇的な効果をもたらしている。ゲートを潜ると、半円形の階段で団地内に下りていく。そこにも小さな古代様式の門があり、その先に広壮で幾何学的な人工庭園が広がっている。弧の形の住棟は「劇場」、コの字形のは「宮殿」と名づけられ、どこまでも芝居がかっているのがおもしろい。しかも庭の中心にあるもうひとつの住棟は「凱旋門」だ。建築家は西欧建築の歴史をもとにゲートの形の力を思いきり駆使して集合住宅の個性をつくったにちがいない。その個性がこの場所のサインだ。見ていると、ひとりの青年がゲートを潜って入ってきて、この幾何学庭園のなかを縦横に走りだした。

次ページ・アブラクサス中庭。弧を描く「劇場」側から主軸に立って「凱旋門」棟（中央影になった門内）、「宮殿」棟（後方）を見上げる

住む側と訪ねる側

同潤会アパートメントについては前に概要を紹介しているが、関東大震災後の復興事業として、木造住宅計画のほかに一連の鉄筋コンクリート造の集合住宅団地が東京と横浜の十六ヵ所に建設された。その後これらにまさるものが皆無に近かったので、日本建築史上屈指の団地群としていまでも名を残しているが、すべて建て替えられてしまった。日本では集合住宅はまだ文化遺産として認められていない。

このアパートメント・シリーズの最後が、計画内容、設備のレベルで絶頂をきわめた同潤会江戸川アパートメントで、その五階にある単身者向き住戸のひとつを私は十数年使っていた。窓から見下ろす中庭がなんとも魅力的だった。竣工当時の写真を見ると、六階建ての住棟に囲われた広い中庭は、運動場みたいに何ひとつない硬い地面が広がっているだけだが、かえって白昼夢のような不思議な気分がある。そこから七十年の歳月を足していくと、大きな樹々が成長し、住まい手が持ち寄った草花が隙間を埋めつくし、子供のための遊具が置かれるようになり、それも次第に錆び果てて、団地内のオープンスペースだが個人の庭ともいえる、どこかに廃園の懐《ゆか》しさを帯びながら春には桜、秋には銀杏《いちょう》の生き生きとし

同潤会江戸川アパートメント（竣工時）

た彩りをいつまでも失わない庭園に変貌していた。知らない人でも道路から門の奥に、ただならぬ緑の気配を垣間見ることができた。「私有地です。住民以外の方の立ち入りは御遠慮下さい」の告示をつい無視してさらに奥へと誘われてしまうのは仕方ないだろう。しかし中庭まで踏みこめば外からの侵入者をとらえる眼が住棟のどこかにある。通報があって管理事務所の人が出ていき、説明して引き上げてもらう。私が最初にここを訪ねたのは四十年以上前だが、規制はずっとゆるく、「屋上から写真を撮っていいですか」と管理事務所に頼むと笑顔でうなずいてくれた。そのときの中庭の迫力に圧倒されて、のちに全体を見下ろせる中庭側の部屋を借りることになったのだった。

同じ同潤会アパートメントでも、他のところでは住民から直接ここに入ってくるなと叱られたり、フィルムを渡せと詰め寄られたりすることもあったらしい。結局は訪ねる側のマナー次第といえる

次ページ上・カール・マルクス・ホーフ。ボッシュ通り側から見る。樹木の茂る中庭の向こう側にハイリゲンシュテッター通り側の住棟。下・同中庭

RESIDENTS
ONLY

が、同時に、住む側の自分たちの場所に寄せる愛情もさまざまに見えてくる。江戸川アパートメントは管理は大変だったようだが、それでも柵や鍵などで外部を遮断することなく、あくまで人が環境を守っていた。いまはそっくり建て替えられて、同じ中庭をふたたび見ることはない。

集合住宅の団地のように公的領域と私的領域とが重なりあうところでは、どこまでを内に閉ざすか外に開くかは団地それぞれの事情によるだろう。その規模、住棟とオープンスペースの配分、賃貸住区と分譲住区、周辺の環境まで含めてそこに住まわれてきた歳月、その違いが百の団地に百通りの内向的外向的性格を帯びさせる。この内と外、住む側と訪ねる側の接点を、それぞれの作法を意識させる形で導き出すのが集合住宅設計の本来である。その「接点」から集合住宅を見ることもある。

ウィーンのカール・マルクス・ホーフ（カール・エーン、一九三〇年）は、表通りの並木ごしに長くどこまでも続いている茶色のスタッコ仕上げの住棟が二列、そのあいだに緑濃い中庭がサンドイッチされている。同じように長い長い中庭はまた並木に縁取られ、芝生が広がり、幼稚園、ランドリー、マーケット、図書館、さらには庭の管理棟やゴミ置場までが住棟に合わせたデザインであちこちに点在している。その調和のとれた全体は団地というより古くからの庭園みたい。

同じウィーン市内のシェーンブルンやベルヴェデーレの庭園と違って観光客が来るわけでなし、住民の気配すらあまり感じられない静かな庭は、表通りを漫然と歩いているだけではその存在に気がつかない。ところどころに庭に入るゲートのいかめしい鉄格子にはおそれをなすが、少なくとも昼間は誰でも出入り自由だ。共用施設を外部の人でも使えるようになっているからだが、一方の端から反対の端まで歩き、また出発点に戻るだけでも二キロの散策コースである。そんな気分で歩いていると、バルコニー

前ページ・バービカン（3点とも）。上・センター前のレイクサイド・テラス。水平線を描くハウス群とローダーデール（左）、シェイクスピアのタワー2棟。下右・セントジャイルズ・テラス。湖中にギルバート・ハウスの柱。下左・レイクサイド・テラスに隣接するトマス・モア・ガーデン。右手はデフォー・ハウス

から声が降ってきた。おばあさんと猫がこちらに上がっておいでと手招いている。きれいに整えられたつましいひとり暮らしの室内を見せてもらった。ここの自治会長さんにも話を聞いたのだが、住民の半減と高齢化がここの問題になっていて、新しい住民を引き寄せるためにも機能向上をはかり、しかし外観は逆に竣工当時の姿に復元する計画がすでに実施されつつあった。この団地は街の一画として、ふたたび街に開かれるべく綿密な工夫をこらしていたのだ。

ロンドン市内でも歩道に面してバルコニーの重層する集合住宅を見上げながら歩いていたら、上から呼びかけられ、あがらせてもらった。バルコニーは内と外の接点だ。しかもそこでは、ほとんどの住戸が花壇にしていた。日本だったらまず洗濯物を並べて、人はその奥に隠れている。やはりロンドン市内で、おそらく最大規模の団地バービカン（チェンバレン、パウエル＆ボン、一九六六―七六年）は団地というより街で、敷地に劇場、学校、レストラン、大温室、教会など外部の人たちも頻繁に出入りする施設が建てこんでいるために、住民専用のゾーンをいかに確保するかに配置・動線計画が練られている。

外来者は広場でも小径でも店のなかでも自由に入っていけるし、中心部の人工湖は屋外カフェに接しているから水に触れることもできる。だが、あるところではすぐ目の前にあるのにどう回り道をしてもそこにたどりつけない、湖の反対側の岸辺や芝生と木蔭とベンチのかわいらしい庭が見えている。住居棟でもピロティのオープンスペースは行き来できるが、頭上に見える各住戸の入口ホールへの道は見つからない。開かれた空間のなかに住民だけのルートがそれとなく織りこまれているのだ。しかしそこは不透明な壁の向こうではなく、住民家族の生活情景が絵のように外部の者にもよく見えて楽しめる場なのだ。このように外に開かれた私的領域は住宅団地を豊かにみせている。

一軒にたどりつくまで

東京女子大学東寮は、建設中に関東大震災（一九二三年）に遭遇したが翌年の春には竣工した歴史的建築である（二〇〇七年解体）。これに関して思い出されるのは二〇〇三年に取り壊された同潤会大塚女子アパートメントで、一九三〇年竣工の建築。住み手は学生と職業人との違いはあるものの、どちらも女性の個室が並ぶ集住体であり、まだふつうの住宅にも個室そのものがほとんどなかった時代の現実を実物でこそ伝えられる貴重な遺産だった（『集合住宅物語』みすず書房、二〇〇四年、参照）。

この時代の集合住宅のなかでも、このふたつ（学生寮も集合住宅の範疇に入れるとして）には特別の思いがある。廊下の片側にドアがずらりと並ぶそこに立って、彼女たちはどんな気持ちだったろうと想像せずにはおれなかったからだ。その時代においては、地方はもちろん東京のどこにもない空間だったにちがいない。廊下と個室のドアだけで構成されたその空間は、都市の最前線にあったはずで、そのドアのひとつの奥に自分の居場所があるという確かさ。このとき建築は新しい時代をもたらす力を他分野に負けずにもっていた。人を変えてしまう力があった。

次ページ上・マルセイユのユニテ・ダビタシオン住戸階の廊下。下・アブラクサス「宮殿」棟。階段の左右に住戸のドア

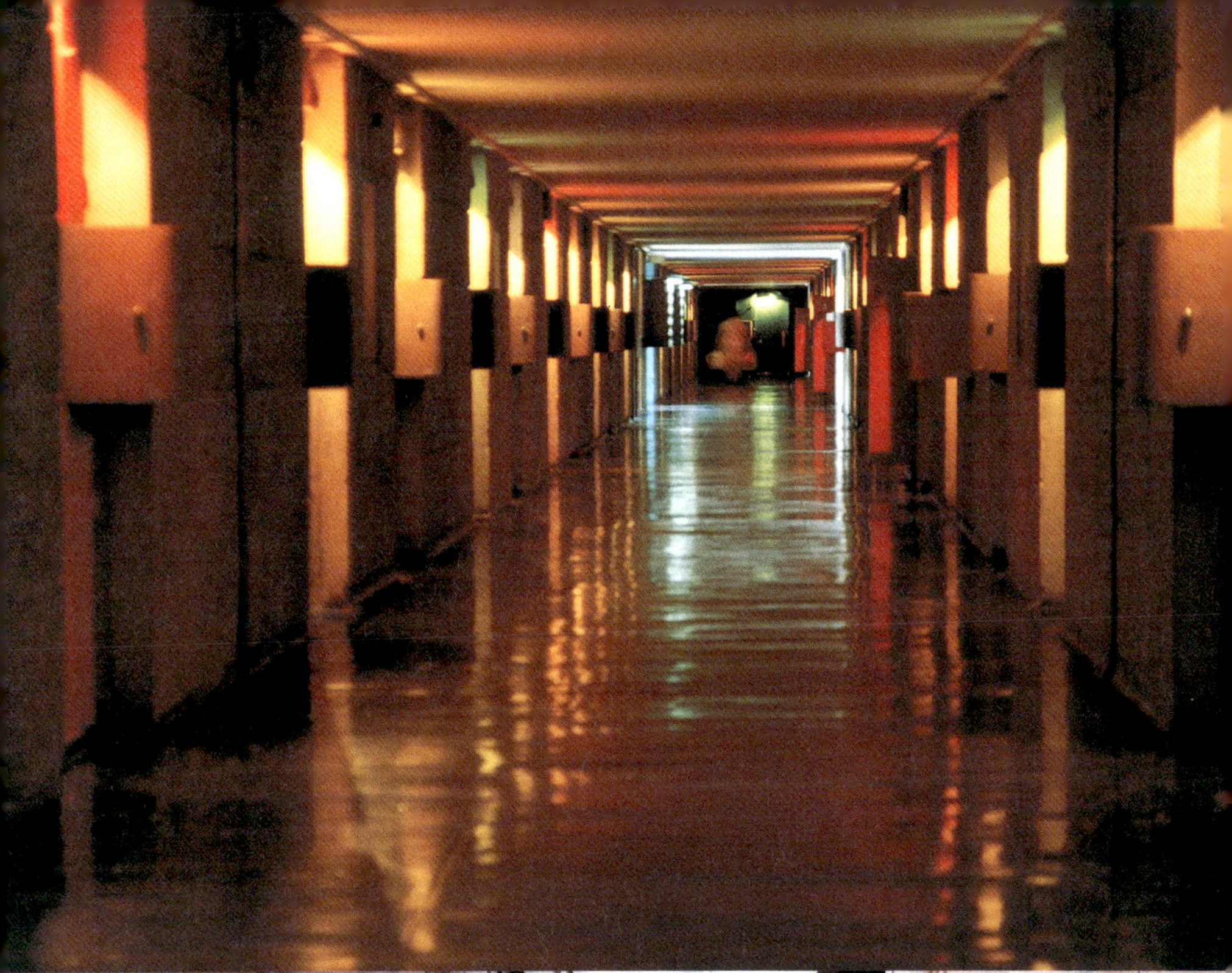

戦後の公営公団住宅も、多くの人たちにとってはいままでにない住体験であった。しかし単身者の寮やアパートのように特化されたかたちではなく家族の住まいであるのに加えて戦後初期は効率一点張りだったから、一般の戸建て住宅に比べてあまりにも無機的に思われたのも仕方がない。階段室の踊り場に相対する住戸のドア、吹き放ちの片廊下に剝き出しに並ぶ鉄扉は非難の的にもなったが、こうした時期を経て「住戸にいたる道」の設計も工夫が重ねられた。

それは海外においても同様である。マルセイユのユニテ・ダビタシオン（一九五二年）。フロアの中心を貫く通路に、左右の住戸ドアが並ぶ。メゾネット住戸を組み合わせているので、入口のフロアの上階か下階に端から端に抜けるフロアが広がる。そのために通路は二階おきに配置されるという、それ以外には考えもつかない解決。

しかし、いわば中廊下であるために光が入らず陰気だという批判もあったが、実際に訪ねてみると、この暗さこそが断然いい。南フランスの強い外光からの家路に落ち着きを与えると同時に、めりはりの効いた照明が現代的にいえば環境アートのなかをくぐり抜けるような興奮を呼びさます。暗さも演出次第で快適になるわけだが、気取りすぎると料亭みたいになってしまう。潑剌とした闇とでもいうべき存在感はル・コルビュジエの独壇場だ。

パリ郊外のアブラクサス（リカルド・ボフィル、一九八三年）。外観の様子は古代的かつ未来的と前に紹介したが、館内に入り各住戸にたどりつくまでの道もピラミッドのなかをさまようみたいな迫力である。巨大な石組みは、じつはプレキャストコンクリートで構成されているとすぐにわかるが、その圧縮感と軽妙さがすごい。その「石」の力は各住戸の入口ドアまで衰えることがない。そこに住んでいる人々は

「ピラミッド」を支配する王なのか、それとも奴隷なのか。取材した住戸の主人はエール・フランス勤めで、大胆な建築に合わせて室内の仕上げや家具を選んでいた。というより、一筋縄ではいかない建築との闘いを楽しんでいるようにみえた。

ミラノ郊外のガララテーゼ（一九七三年）のピロティ空間については先に紹介したとおり。キリコ風のすばらしさには誰もが言及するが、二、三階住戸へのアプローチはこの一直線の涼み廊の数ヵ所にあるやや無愛想な階段室を昇る。吹き放ちの片廊下がまたも容赦なく一直線に伸び、各住戸の出入り口ドアと部屋部屋の窓が面している。ピロティから片廊下へ。簡素を極めつくした学校の教室前の廊下を歩いていくみたいな気分が最高。

何度も書いたように、集合住宅建築は無機的になりやすいといわれる。それを補うために生活感のある造形が組みこまれたりするのだが、ロッシは逆手にとって単調さを目いっぱい増幅し、虚無の詩学ともいうべき空間に到達した。その豊かさはヴェネツィアの海に浮かべた「世界劇場」で極まった。

バイカー再開発団地（ラルフ・アースキン、一九七一―八二年）。外周部を囲む長い城壁ふうの住棟には木造のアクセスデッキが急場しのぎみたいにとりつけられている。これがまた煉瓦の壁の重厚さに対比させた歯切れのよいデザインで、波形アクリル板の屋根、赤くペイントされた柱、通路には花やベンチをあしらって親しみやすい。

外から眺めても、デッキは各階一様の長さで延びているのではなく、住戸のドアの位置を示すようにリズミカルに断続している。人の動きの軌跡のようにも見える。生き生きとした表情である。ただ、私が訪ねたのは老婦人のひとり住まいの住戸で、お年寄りにはこのデッキは冬の風通しがよすぎるように

次ページ上右・ガララテーゼ集合住宅Ｄ棟１階柱廊。
上左・同上階。片廊下型で右手の西側に住戸が並ぶ。
下・「バイカー・ウォール」。階段室から
各戸に延びるアクセスデッキ

も思えて少し気にはなった。

ミラノ郊外の「ボッラーテ」と呼ばれる集合住宅（グイド・カネッラ、一九七四年）は、長い長い数本のアクセスブリッジが階段室のタワーから交差して延び、内側で中庭的な場所をつくったり外部に直接さらされた遊び場になっていたりする。この長いアクセスと各住戸のバルコニーとのあいだで視線も交差し、親しげな生活の場となっている。みんなが使うブリッジには路地のように自転車や植木鉢が置かれ、住戸のバルコニーには洗濯物が色あざやか。打ち放しコンクリートと住戸外壁のペイント仕上げとの対照も効果的で、ここでは住んでいる人たちの気配があってこその集合住宅である。

ウィーンの街なかに出現したフンデルトヴァッサー・ハウス（F・フンデルトヴァッサー&W・ペリカン、一九八六年）は、前衛画家フンデルトヴァッサーの構想になる市営住宅である。外観は彼の描く街の絵をそのまま建築にしたかのような奔放さで、むかしながらのアーチや丸屋根と新しいガラスの壁面が渾然一体となり、さまざまな形や色の窓がコラージュされ、活火山のように建築のいたるところから樹木が噴出している。

内部通路も同様で、床も壁も多種多様なモザイクタイルを貼ったりペイントされたり、しかもその面が波打っていたり削られていたりで、どこまでが最初にデザインされていたのか、どこからが現場での即興的仕上げなのかの区別がつかない。そこに住人の悪戯描きが加わり、住戸のドアまで勝手に飾り立てて、学校の部活棟の廊下や各部室のドアまわりを思い出してしまった。

住民参加（?）も度をこせばゴミの集積に限りなく近づく場合があるが、どの段階でいちばん快適な住環境になるのだろうか。


前ページ上・ボッラーテ集合住宅。階段室を収めた塔屋から住棟に斜めに延びるブリッジ。突き当たりに2戸のドアが並ぶ（写真に映るドアは右手の住戸用）。下・フンデルトヴァッサー・ハウス屋内通路

玄関ふたつ

出入り口。そのあり方が集合住宅ではいつも気になる。

ミース・ファン・デル・ローエのレイクショアドライブ８６０／８８０（一九五一年）。二十六階建て、東西南北四面ともガラス張りの立方体二棟が芝生の上にＬ字に配されている。その離れた二棟が水平に延びる屋根と舗装されたポーチとで軽やかに結ばれている。道路にたいしては塀も生け垣などもなく開かれてみえる入口まわりだが、無用の輩には近寄りがたい美しさと何気ない威厳がある。そんなのへっちゃらという人でも、外に面した回転ドアを開けて玄関ロビーに入ろうとすると二十四時間セキュリティに阻まれる。ここは風防室でもあり、その奥に内側の入口ドアがある。

８６０棟に住む夫妻を訪ねた。内側のドアを入り、エレベータに乗って最上階まで行く。思いがけないことに気がついた。四面ガラスの建築で四面とも基本的に同じ間取りの住戸がある。当然、階段とエレベータは中心にある。いいかえればこのセンターコアによって四面ガラスのタワーができあがる。その構成は知っていた。けれどもエレベータを降りたとたん、そのコアには窓がない、壁で閉じられてい

ハーレン・ジードルンク（次ページ2点も）。南側外観

ることを忘れていた。ワンフロアに四住戸（880は八住戸）が基準階だが、各住戸の入口ドアまでコアから通路が延びている。これがオフィスだったら透明あるいは半透明のスクリーンみたいなものを使ってもいいのだろうが、集合住宅となると他人の住戸の前も通ることになるので、通路の左右は壁、となると明るく開かれた住戸内とは対照的に通路だけはまったく暗く古めかしい。それを補うためにか天井からシャンデリアを吊ったり玄関ドアのわきに装飾的なランプをつけたりしているので、ますます古めかしくなっている。広いとはいえない通路に面した玄関ドアは裏口みたいに見えてしまう。案外それで落ちつくのかもしれない。それが発見だった

マルセイユのユニテ・ダビタシオン（一九五二年）も、出入り口が気になる。メゾネット住戸をふたつ上下に重ねて、その中心に通路を通している。通路にはそれぞれ二住戸の入口ドアが向かい

次ページ・北側に並ぶ住戸の門。
下・門から前庭、住戸ドアを見る

53 THORMANN

竣工時のハーレン・ジードルンク（アトリエ5・アルヒーフ）

あってずらりと並ぶ。一方のドアを開けると上階への階段があり、上階は建物の幅いっぱいの長さの部屋で両端が開口部となっている。もう一方のドアを開けるとこちらは下階への階段、というふたつのメゾネットの組み合わせである。中央の通路には窓がないからやはり暗い。けれどもマルセイユの強い外光から一転した闇の万華鏡のような落ち着いた効果は、ル・コルビュジエが積極的に考えていたにちがいない。照明が美しく、入口ドアの把手もコルビュジエらしいガッチリした造形である。

それでも、どこか裏口的なのだ。ひとつは住戸内の両端の開口部とバルコニーがあまりにも強烈な、開かれた場の喜びの発露のようなデザインなので、どうしても玄関ドアは副次的に思えてしまうのかもしれない。もうひとつは、通路に面して並ぶドアというものは通路が壁に閉ざされていようと片側が外部に開かれて（いわゆる片廊下式）いようと、つまり共有スペースと私領域がドア一枚だけで隔てられているかぎりは、集合住宅の宿命として玄関は裏口的になる。

それでは、集合住宅は住まいの構えから退歩するのかというと、逆であると私は思う。裏口でいい、それは住宅が進歩した徴なのだ。飾り立て、権威を誇示する玄関は過去のもの、合理的な暮らしを建築の形にあらわすのがこれからの住宅、とくに集合住宅はその橋頭堡であるとミースもコルビュジエも、また同時代のリーダー格の建築家たちもそのような主張をしている。モダニズムの思想が集合住宅と不離不即であるゆえんである。

だから入口ドアをあれこれ飾ってみたり屋根形をつけたり、少しでもその前後に奥行きをとって玄関ポーチふうにしたりの努力は、ともすれば集合住宅の合理性をむしろ貧しさに転じて見せてしまう。多少見映えのする玄関まわりができたとしても、その配慮自体が自家撞着的なのだ。集合住宅においては、入口ドアは住戸という容器をぴっちり締める蓋、という役目を果たしているにすぎないからである。ほかに方法はないのか。私は容器の底を抜くのがいいと思っている。つまり出入り口をふたつつける。そうすれば玄関と裏口とが自然にできあがる。

実例はある。同潤会アパート群のなかの鶯谷街区（一九二九年）の住戸には玄関ドアとは反対側に勝手口の小さなドアがあった。そこから直接裏庭に出られる。それだけで住戸の質が変わる。

さらに印象的だったのは、ベルン市の町はずれの森につくられたハーレン・ジードルンク（一九六一年）である。ル・コルビュジエのユニテに強い影響を受けたアトリエ5という建築グループが、森の傾斜面に接地型の集合住宅を完成させた。ユニテは二十階近くの高層住宅だが、それを横に寝かせるように再構成したのである。

傾斜地に並ぶ住戸は、間口寸法はユニテと同じで限られているが、奥行きはとんでもなく長い。京都の町家どころではない。入口を入っていちばん奥に行くまで中庭を二つも三つも通るタイプの住戸もある。表の通路に面していきなりドア、ではなく門がある。その先に小さな前庭。そして入口のドア。これは玄関でもあるが、わきに台所があるので勝手口といってもいい気楽さ。そこを入って奥に進むと、部屋—中庭—部屋—中庭といった室内外のサンドイッチ状態が続き、ある住戸では最後にアトリエがある。アトリエを抜けると、そこは反対側の道路。そのほかに入口の一方は庭木戸（庭から家に入る動線）、反対側は台所わきの勝手口という住戸もあった。とにかく出入り口がふたつある。

これは敷地条件に恵まれた例だが、小規模の、あるいは高層住宅の場合でも工夫次第でふたつの出入り口は可能だ。そうすればアクセス通路のあり方も変わり、集合住宅は小さな街に近づく。

ハーレン・ジードルンク（2点とも）。
上・住戸前庭から門を振り返る。
下・住戸内の中庭。次ページ・同住戸南面

向こう三軒両隣

横浜の山手町に昭和初期に建ったある会社の家族寮が現在も残っていて、用途は大学のセミナー教室に変わったが、改造されたりすることもなく当時の姿がよく保たれている（旧ライジングサン石油会社社宅、一九二九年。『集合住宅物語』みすず書房、二〇〇四年、参照）。

そこを訪ねてまず驚いたのは、二階南面のバルコニーは各住戸ごとの仕切りが低く、しかも細い鉄棒を申し訳程度に渡してあるだけなのだ。だから外から見ただけでは集合住宅とは思えない。所帯じみた印象がまったくない。鉄筋コンクリート二階建て、四家族のメゾネット住戸が並ぶ。一階は台所、食堂、居間、二階が寝室になっているが、バルコニーに仕切りがないのと同じように、庭も生け垣や塀で分けられたりしていない。屋内は家族単位に区切られているが、いったん外のバルコニーや庭に出ると、そこは四家族共用の場といってもいい。

こうした私と公との独自の構成は、会社の寮という性格に由来するのか、それとも建築家の考え方によるものかいまとなっては確認できないが、そのために大学のセミナー教室に転用するにうってつけの建物でもあったわけだ。設計者は、日比谷の旧帝国ホテルの建設のためにフランク・ロイド・ライトと来日したアントニン・レーモンド。

集合住宅の住民と外部から訪ねてくる者との境界、つまり接点を建築的に解決しようとした例をすでに紹介したが、今回は住んでいる同士、とくに両隣をどう区切り、また連続させているかの事例を探してみた。右のような例はほかにあまり知らないが、やはり昭和初期、関東大震災復興事業のひとつとして清澄庭園沿いに建設された東京市営店舗向住宅（東京市、一九二八年。『集合住宅物語』参照）も印象に残るものだった。鉄筋コンクリート造で一階は店舗、二階に住戸の構えで五十軒近くが帯のように連続している。ところどころに切れ目があり、細い路地が裏に抜けているが、住戸間の境壁は基本的に共有しているから、れっきとした集合住宅である。

その一住戸を訪ねて陸屋根の屋上に出ると、ずいぶん広い。洗濯物が干してある横に植木鉢がたくさん置かれ、その手入れをしている女性の姿がある。ご家族の方かと思ったら、植木鉢から先は隣家だと言う。つまり、屋上では両隣とのあいだに仕切り壁がないのだ。いまは屋上に部屋が増築されているところが多く、やや分断された形になってしまったが、かつては端から端まで二五〇メートルもの屋上はひと続きで、子供たちのかっこうの遊び場だったらしい。棟と棟との隙間を男の子たちは飛びこえながら走りまわっていたという。とすればパラペット（屋上縁部の立ち上がり壁）もごく低い大らかなつくりの建築だった。この時代、住宅地の道路は、高級住宅街は別としてどこでも隣近所の住民の共用空間になっており、子供はもとより、大人たちも夏は縁台などに集まり、「ご近所」をあたりまえのように空間化した。その空間がこの連続住宅では屋上にまでおよんでいたのである。

次ページ上右・欅ハウス。上左・長野市今井ニュータウンC工区。住宅ドア前に設置された木戸と庇。下・同B工区。隣り合う住戸を仕切るベンチ。89ページ・同G工区。住戸入口間のサービスブリッジ

でも、共用されていれば即ヒューマンな空間だと一概にはいえないだろう。香港で一九五〇年代に大火があった。家を失った人々のために六、七階建ての応急的集合住宅が用意された。各階の外周に共有バルコニーが四面ぐるりとめぐらされている。ここを通って自分の部屋に入る。一一平方メートルほどの極小住戸群がバルコニーに囲まれているわけだが、台所などの設備はなく、共同便所が各階中央部にまとめられているだけ。多層の背割り長屋である。

だからこの屋外バルコニーは各住戸へのアクセス通路である。と同時に、その入口まわりがどこも煮炊きや洗濯の場として不法占拠されている。家に出入りするときはよその家のコンロや洗濯桶を乗りこえ乗りこえしていかなければならない。よそ者の目から見れば人間味のある共同生活の極みともいうべき光景だったが、当の住み手たちにとってはとんでもない集合住宅だったにちがいない。その後は徐々に建て替えられ、一般的な集合住宅になっていったと聞く。

ずいぶん古い例ばかり出す羽目になってしまったが、現代の集合住宅ではどうなのだろう。お隣さんとの関係をよく考えたと思える例がなかなか見つからないのは、それぞれの住戸が閉ざされてしまったからといわれることが多いが、いいかえればそれだけ住まいの内側が豊かになり、従来のようなあり方での共用の場を必要としなくなったからともいえる。でも隣接する他人の住まいが消えてなくなったわけではない。ならば戸建て住宅の並ぶ町とは違う豊かさ美しさのあらわれを、住まい手も設計者も追い求めているはずである。

東京の世田谷区世田谷にあるコーポラティブハウス「欅《けやき》ハウス」（ＨＡＮ環境・建築設計事務所、二〇〇三年）は、集合住宅における個々の住戸と全体の姿との関係をごく端的に蔓系の植物で見せている。各住戸のバルコニーは鉄筋コンクリートの袖壁や庇で仕切られているが、それぞれのプラントボックスに、たとえば朝顔を植えれば上の住戸のバルコニーまで蔓は這い昇り、そこで花を咲かせることもある。外から見れば細分化された単位の集積であると同時に全体が垂直の森のような景観となる。

計画段階から住民が繰り返し話しあうコーポラティブハウスだからこそ、境界をこえて伸び広がる蔓系の植物をこれも話し合いで選んだにちがいない。緑と花の「手紙」が上下左右の住まいを結びつけているような景観は、戸建て住宅の団地では果たせない。

長野市今井ニュータウン（一九九八年）は、大規模団地であったために全体を十近くの住区に分けて、それぞれを分担設計する建築家グループを組織した（長谷川逸子、内藤廣、宮本忠長、遠藤剛生ほか）。だから住区ごとに大胆なデザインの個性が感じられて楽しいのだが、設計上の大きな共通の方針がグループ間で前もって十分に検討されたことがうかがえる。

それは各住戸の入口まわりの充実である。たとえば通路わきに隣との仕切りと花台を兼ねた収納とその先にかわいらしいゲート、ベンチを兼ねた物置、そして入口ドア。あるいは小さな木戸と庇で入口を演出し、居間の開口部は高い外部吹き抜けに面して気分一新という設計。あるいは入口わきでは通路を広めにして吹き抜けと一体化させ、そこを裏庭のように自由に使う工夫など。

通路に面してずらりと並ぶスチールドアは玄関とは呼びにくい。けれども動線の短さ、鍵ひとつで住戸全体を開閉でき、防犯防災の性能も考えられている点では合理化の極致なのだし、規格化からなるある無表情はそれなりにいさぎよい。でも、それからずいぶん長い年月が経ったいま、向こう三軒両隣がつながりをもつ手がかりもそろそろ必要になってきている。

中庭タイプ

パリの街を歩いているとき、建築家の早川邦彦はこの街を構成しているシステムが見えてきた。彼から聞いたその話を自分なりにまとめてみると、道路に面したそれぞれの敷地に、建物が違っても高さはほぼ同じ、壁面線も隙間なく連続して街並みが形成されている。それぞれの建物をあらためてよく見ると、その壁の一部がうがたれてゲートになっている。のぞきこむと中庭があり、それを三方から住居棟の壁が囲んでいる。中庭は各住戸へのアクセスであり、採光源になっているのだ。こういう構成は、ほかでもよく見られる。土や石を主体にした高密度の居住区では中庭と路地が交互に連結して果てしなく続いていたりする。早川が気づいたのはそのような全体の広がりと同時に、ひとつの敷地のなかでの構成要素である中庭がもつ機能と形態が強い「図」となっていることだった。

現代の、とくに日本の集合住宅は敷地のなか、文字どおり「地」のなかに「図」としての建物を配置するのが一般的である。建物を配した残りの部分は余白として、きっちり植栽計画をするなり住人にまかせるなりする。その結果は個々勝手につくられる戸建て住宅の集合と同じで、道路に沿って街並みを

次ページ・ステップス。
半層ずらされた住棟間に階段。
屋上にはブリッジが架けられている

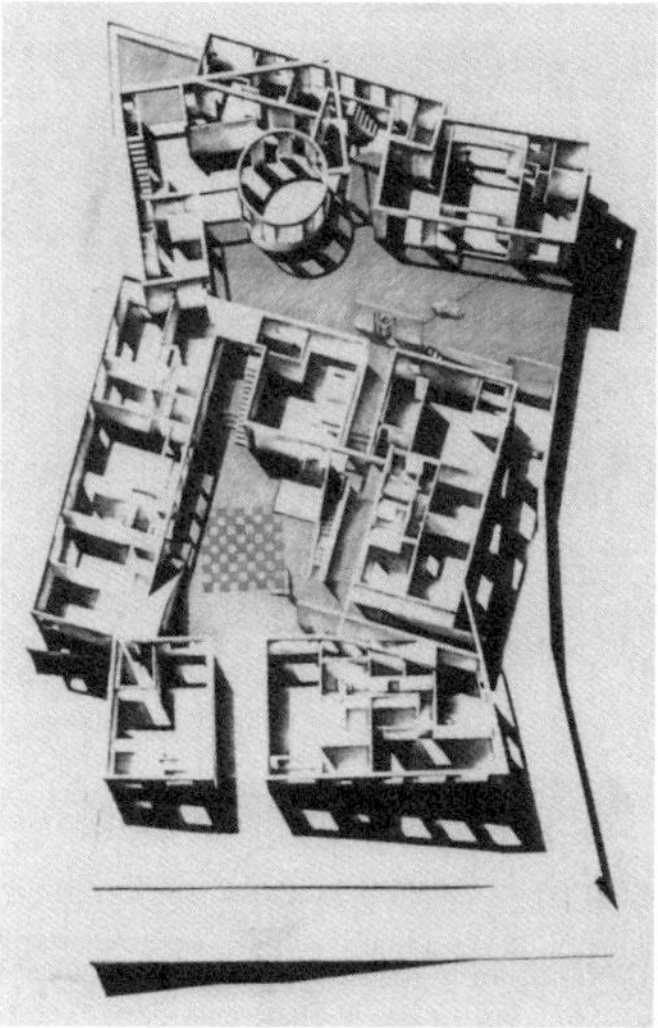
アトリウム配置図

視覚的に強める壁面線はなくなるのが一般的だ。戸建て住宅地なら生け垣やブロック塀やガレージのドアが道路に面していることが多いが、それは弱い壁面線にさえなりえず、街並み形成の手がかりを断ち切ったあらわれになっている。いわゆる都市型住宅が敷地いっぱいに並び建つところでも、両隣との差別化をみんな心がけているから街並みをつくりようがない。集合住宅にはその仕組みがさらに深く根ざしていて、見るからに高級風マンションなどは飾り立てるほどに恐ろしく無表情になっていく。そのまわりの道を歩く人々すべてを犯罪者と呼びかねないような、いまの住宅地はそんなふうに変貌している。

早川邦彦は建築家としてそのようにむずかしい集合住宅設計の原則をずっと考えていたのではないか。だからパリの街で建物のゲートごしに中庭を見たとき、その中庭が建物を建てた残りの余地ではなく、たとえばゲートと中庭を結ぶアクセスが中心線となり、中庭そのものは正方形でも円形でも星形でも、まずはそれが優先されるいわばネガの建築であり「図」であり、それを囲む住棟が余地となり「地」となれば、敷地が不整形であろうが奥行きが深かろうが、中庭の形式性が建物のそれより優先されればさらに劇的に全体をデザインすることができる。敷地の四隅に寄せられた住棟は敷地形状によっては不整形の部屋をつくることになるかもしれないが、それはむしろ建築空間の豊富化を誘発する。

その発見によって早川が一九八〇年代に設計した「アトリウム」（一九八五年）「ステップス」（一九八七年）は、まず中庭から考える、あるいは中庭と住棟を等質に考えることが基本になっている。建築家は誰でも敷地全体をちゃんと考えて設計しているよといわれそうだが、中庭中心という発想は思った以上に効力がある。設計を先に進める焦点として乱れることがない。むしろ設計が複雑になっていくなかでかえって思いがけない解決を誘いだす。たとえば「ステップス」はその名のとおり住棟にはさまれた中庭が各階住戸へのアクセス階段であり、住棟そのものもセットバックして階段と一体となっている。ペイントされた階段は昇るにつれて明るく大きくなっていく。

街に開いている気持ちのいい場所なのに実際には住民以外は入ったらダメの公団住宅団地は、その前を通る人にふだん体験することがめったにない「侵入者」的自覚を帯びさせる不思議な場所でもある。

ステップス外階段

住んでいる人たちがイジワルなのではない。このご時世、子供や女性や年寄りは外部から守られて当然だ。だが古く大きな団地などはいまさらフェンスで囲いようがない。看板で威嚇するしかない。

一九九〇年代に入ってすぐ、建築家・山本理顕は百十戸の公営住宅団地を手がけた。熊本県営保田窪第一団地（一九九一年）。当時は大きな議論を呼んだ。それまでの団地における公‐私領域の関係を反転したのである。すなわち道路→団地内の

熊本県営保田窪第一団地、西側外観。次ページ・同中庭を南側から見る

オープンスペース（芝生、遊び場、パーキングなど）→住棟内の共用空間（通路、階段室など）→住戸のドア→住戸内というアクセスを次のようにひっくり返した。すなわち道路→各住棟の共用階段（もちろん一階住戸は必要ない。道路に面して玄関ドアがある）→住戸のドア→住戸内→住戸内テラスやブリッジ→第二の住戸内→各住棟の共用階段→百十戸共用（団地内）のオープンスペース（中央広場）。すなわちこの団地は南北に長い敷地の東と西、そして北の住棟、南は集合室（と必要に応じて開くゲート）で四面を固め、残る中央部分をアクセスの順序にしたがえば私領域の最奥部に位置づけた。道路からは芝生のある場所が見えない。むかしからの団地の開かれた方の、住民にしてみれば不都合を改めた設計なのである。外から見ると各棟五階、各階二住戸にたいして一階段がついているから、閉じた印象よりも階段の開いた形が意識され、竣工直後に訪ねたときは、こんなに美しい集合住

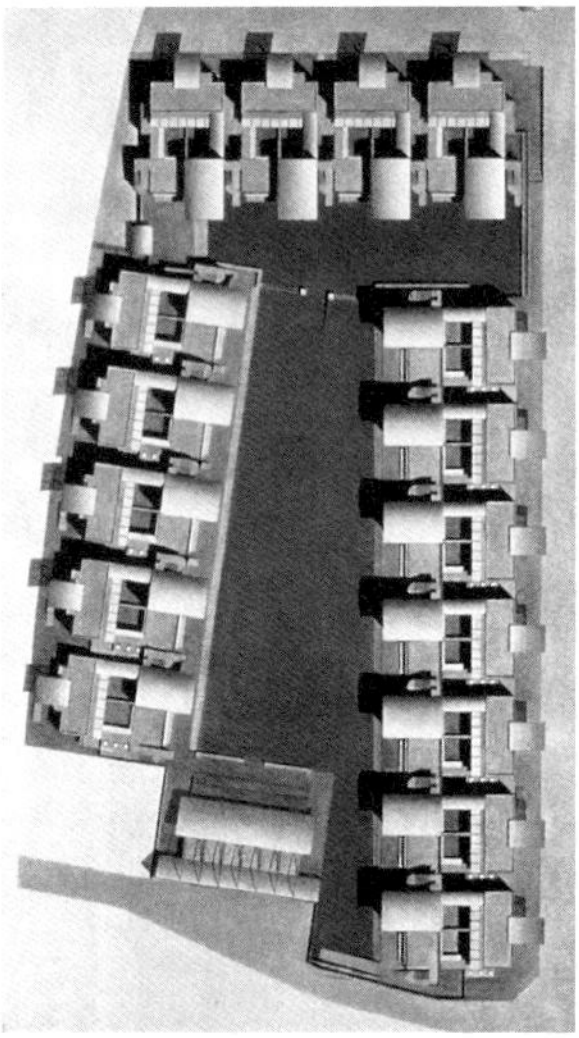

熊本県営保田窪第一団地配置図

宅は日本ではほかにないと思ったほど。

しかし中庭が閉じている住棟計画にたいする批判は建築関係者のあいだに根強かったようだ。見慣れない形だからだろう。また住む人たちからは一住戸内の部屋が道路側と中庭側に分かれ、そのあいだを通路やブリッジでつなぐ間取りに不満が多かったという。集合住宅としてこれも例がなく、住み慣れないのは当然だろう。この公－私領域の構成は、山本が戸建て住宅において実施してきた平面計画と重なる。社会に直接面するのは個室であり、外部の者は家族の一成員である個人にまず迎えられ、すなわち個室を通ってその奥にある家族のコモンスペース（リビングルームなど）に迎えられる。集合住宅では個室＝住戸、コモンスペース＝中庭となる。知人の家を訪ねると、玄関から直接居間とか食堂に通され、そこで家族に迎えられたあと、個室に向かうという順序が現在の日本ではふつうだが、国内外の住まいの原型を多面的に調査した山本は、思いがけない結論に達したのである。

この本にある集合住宅の事例を年代順に並べたとすると十九世紀末から二十世紀はじめ、すなわち建築家が集合住宅を本格的に設計しはじめた時期は中庭タイプが多い。建築家がたんなる意匠家に終わらぬためには中庭形式が建築の領域に引きこむ重要な砦だったとすれば、その原則は現代にも通じているのかもしれない。

店舗ゾーン

ル・コルビュジエの設計したマルセイユのユニテ・ダビタシオン（一九五二年）は付帯施設としての託児所、幼稚園から体育館、プールまで全部屋上に載せてしまった。では、店舗はどこにあるのか。

七階と八階にある。ここは共同施設階と呼ばれ、店舗のほかにオフィスやホテルもある。地上の庭と屋上の庭とのちょうど中間にある二層のフロアで、一部は吹き抜けになっているから広々としている。集合住宅のなかに挿し込まれた街路といってもいい。この階には外階段で直接出入りできる。周辺の人たちも利用できるように計画されたのだが、肝心の店舗はというと肉屋、パン屋、雑貨屋など日常の用を足す程度のもので、私が訪ねたときは完成してから四十年近くが経っていたから新しいスーパーが入っていたりしていたものの、どこかひなびた風情だ。やはり現実《なま》の街路とは違う。

市街地にある集合住宅やさまざまな施設をふんだんにとりいれた大規模住宅団地なら、商業機能をもっと自由につくることができるが、ユニテはマルセイユの中心街から遠く離れた住宅地のなかに一棟だけポツンと建つ集合住宅である。せっかくすっきりと開放した脚元に小さな店をいくつか並べるのは本

Le Kilogramme
93,90
Le Kilogramme
89,90

末転倒である。ならば建物のなかを貫通する街路を入れればよい。当時はこれ以上の解決案はなかっただろう。

ここのホテルに数日滞在した。そのあいだいくつかの住戸を訪問したり、ピロティの下の芝生でのんびり寝転んでいたり、店の人に話を聞いたり、そのうち顔見知りになった人たちと挨拶を交わしたりしているなかで次第に自分も「ユニテ村」の住人になっていくような楽しさを味わったが、でも数ヵ月も数年も居つくとなれば毎日をどう過ごすのか、買いものはこのなかだけで足りるのか。それも気になってくるにちがいない。

現在の都市再生機構、かつての日本住宅公団でゲタバキ市街地住宅が始められたのは一九五六年、公団設立の翌年である。ゲタバキ(下駄履き)という呼び名はいまでも通じるのかよくわからないが、集合住宅の一階に入れる店舗群を下駄などと称したのは、住居と商業施設を直接重ねることに計画側として納得しかねていたのか。現在も各団地のあちこちに見かけるこうした店舗群には気安さを感じるが、外部からわざわざそこに行って買いものをするほど特別のものではなく、あらかじめ全体を計画された施設は、その古び方も現代の街のなかに残って働きつづけているむかしながらの一軒家の豆腐屋や鮮魚店や文具店が放つオーラとは違う。

建築類型のなかでも店舗は特別な生き様をする。計画する立場からすれば難物である。それだけにおもしろい。インテリアだけの問題ではないのだ。

時代をもう少しさかのぼって一九三〇年あたりの住宅団地、たとえばベルリン郊外のジーメンスシュタット団地(一九二九―三一年)を見ると、ここには日本住宅公団団地の原型がある。中層板状住棟が日

100-101ページ・マルセイユの
ユニテ・ダビタシオン共同施設階(3点とも)。
右ページ上・通路。下・スーパーマーケット。
左ページ・精肉店。ワインも売っていた

照間隔を開けて平行して並んでいる。その端部に二階建ての独立した店舗建築がちょっとしたアクセントのように嵌めこまれている。コンクリートの壁が途切れたところを木造の穏やかな家の形がつなぎ、ここだけに数々の商品やそれを案内する看板が集まっている。声高に客を呼び集めるというよりは、必要があればここにいらっしゃいと控えめに声をかけてくる姿である。小さなドラッグストアといった感じのこうした店が団地内のあちこちに点在している。静かな日常生活の気配が伝わってくる。

公団のゲタバキはそれから戦争をはさんで二十五年ほど経った、しかも日本でのことだから事情は大きく異なる。周辺の街との関係もそれぞれに違っていたはずである。いずれにしてもジーメンスシュタットにおけるような店舗配置まで日本でまねされた事例を知らない。六〇年代に入れば公団住宅は時代の最先端にあって庶民のあこがれの的となり、大規模団地の店舗ゾーンには一流百貨店やブランド食品店までが参入した。これは最近、いくつかの団地を訪れたとき年配の住民のみなさんが懐かしげに話してくださったことだが、それらの店はいまは撤退し、下町的な親しみやすさに全体がなじんでいる。

現在の、とくに民間の市街地型住宅は、まず充実したショッピングゾーンを多層に構成し、その上部に住居階をめだたぬように載せるという計画事例が少なくない。大がかりな集客装置であり、そこに住む人々だけのものではない。時代を反映するのは住居群の形以上に、そこに組みこまれる店舗の様相である。

今回はその初期の事例をみようとして一九三〇年代のドイツと五〇年代のフランスの団地をとりあげたのだが、このユニテとほぼ同時期にアメリカのシカゴに出現したミース・ファン・デル・ローエ設計のレイクショアドライブ・アパートメント（一九五一年）は店舗がいっさいない事例である。中心街の

ジーメンスシュタット第2ブロック。左手に店舗

近くにあるからだろう。芝生のなかに建っていて入口ドアごしにロビーをうかがうと守衛の姿が見える。近づきがたいがその印象も含めて端正で美しい。

この現代建築の巨匠と並ぶもうひとりのドイツ人建築家ハンス・シャロウンがシュトゥットガルト郊外につくった「ロミオとジュリエット」（一九五九年）は、これも二棟からなる集合住宅だが、外見も間取りもまるで違う。しかも勾配のある敷地に、コルビュジエなら鉄筋コンクリートの、ミースなら鉄骨のピロティなどで建物を浮かせるのと反対に台形の壁がどっしりと根を下ろして上階を支えているのだ。そのまわりには木々や生け垣や小路が迷路のようにめぐらされ、壁の一部がごく自然に出入り口となり、あるところでは大小の店を囲う形になる。こんな店舗のつくり方もあったのだ。この時代、それぞれの建築家が自分なりの解答を探していたのである。

次ページ・「ロミオとジュリエット」、
ジュリエット棟1階の店舗（2点とも）

Optík · Schönleber

街の隠れ家

ある年配の建築家にお目にかかったとき、お住まいはどちらですかと訊いたのにたいして「銀座だけど」と事もなげに答えられ、ちょっと驚いた。しかも中央通り沿いのむかしながらのビルの最上階での気ままなひとり暮らしなのだという。ずいぶんむかしのことだけれど、その後しばらくは街なかの古い建物を見上げては、どこかに使われていない小さな部屋はないものかと本気で思いつめた時期があった。

これ、都心の表通りに新しく出現したマンションなどを見て、こんなところに住めたらいいだろうなとうらやましく思うのとは別の気持ちであるような気がする。街なかにこそあるはずの隠れ家への夢。その所在は容易に知られてはならない。かつてテレビドラマのシリーズものに「探偵物語」（一九七九―八〇年）というのがあったが、主人公の探偵を演じる松田優作は都心に密集するビルの、そのひとつの屋上にあるなにやら古ぼけた小屋に住んでいる。毎回冒頭のタイトルバックは街全体の俯瞰に次いでそこをねらってのクロースアップ、ショットが切り替わるとそこから「出勤」する優作の姿が探偵稼業にぴったり。格好いい隠れ家だった。

神田神保町の交差点近くにある連続長屋式の古書店は関東大震災（一九二三年）の翌々年に完成した当初、十一軒もが同じモダンデザインの軒を連ねていた。一階が店舗、二階と屋根裏が住まい。また江東区では清澄庭園を縁取るように四十八軒もの長い店舗併用住宅（旧東京市営店舗向住宅、一九二八年）は一階が各種店舗、二階が住居、屋上は物干し場かつ共通の遊び場として使われていた。外観はフランク・ロイド・ライト風とでもいうべきレリーフ模様で統一されている。ライトの設計による日比谷の旧・帝国ホテルの竣工は大震災と同じ日で、無事だったのが伝説となっている。つまり当時の最先端デザインのおこぼれを頂戴して、東京の新しい街並みをつくろうとしたと思える。二階と屋上の住まいはこの装飾、とくに連続することで強化された装飾の陰にうまく隠されている。

神保町のは私的投機による看板建築風の木造併用住宅、清澄庭園のは旧東京市営の不燃化をめざした鉄筋コンクリート造「店舗向き住宅」である（いずれも『集合住宅物語』みすず書房、二〇〇四年、参照）。民と官の違いはあるが統一された街並みへの意欲は共通している。しかし、垂直方向、といってもせいぜい二階建てのなかに店と住まいという単位をつくり、この単位を水平方向に連結していく構成は、見た目がいくらモダンでもむかしながらの商店街である。いまと違って余裕がある。そしてそこを訪ねる私たちに見えるのは用のある店舗で、その上の住まいはほとんど見ていない。だいいち看板などにさえぎられて見えない。でもこの半ば見えない住まいが街とのよき関係を保っている。

「街」とは誰にも共有であると思わせる場所のことである。共有は交歓によって成り立つ。個人経営の店に親しみをもつのは商いをしている家族がそこに住んでいることも無意識裡に感じるからだ。そのようにセットされた建築空間にたいして商や住が機能純化したショッピングセンターや団地のほうが居心

108-109ページ・代官山ヒルサイドテラス（3点とも）。
右ページ上・山手通り北側のG棟（左）とF棟。
下・同南側のE棟。右手前に稲荷塚。
左ページ・C棟住戸より稲荷塚側を見下ろす

代官山ヒルサイドテラスB棟

地がいいばあいもあるだろうが、そちらはどうも街ではないという気がする。現代の課題である。

街の課題に真正面から取り組んだ事例がある。街なかではない。東京のファッション隠れ里みたいな、目黒と渋谷の区境に延びている尾根に長い歳月をかけて育てられてきた小さな環境だが、ほかのどの盛り場にもない、何気なくおしゃれで親しみやすく、個々の表情は多様だが全体の統一感は抜群。代官山ヒルサイドテラスである。

その生成史を追ってみると、一九六九年にまず六住戸、六店舗のささやかな規模でA、B棟が建てられる。ここにはコーナープラツア、ショッピングモール、サンクンガーデン、ペデストリアンデッキなどの「つなぎ」の場が組みこまれていた。当初はオフィスを入れる予定はなく、複数棟の住居と複数店舗で計画する一団地申請によったわけだが、完結した住宅団地ではなく、いつかは街へと成長する「つなぎ」をすでにこの時点で根づかせていたのだ。

七三年には中庭を囲むかたちの店舗と二、三階に住居があるC棟、七七年には以前からそこにある稲荷塚を抱いたようなD棟と、表通りからいちばん奥深いところに配置されたE棟が完成。八五年にはアネックスA、B棟、八七年にはパーキングや屋外パーティに使えるヒルサイドプラザと、その地下に講演会や音楽会用のホール、九二年にはギャラリーも入ったF棟とG棟とが表通りの向かいに並んで建ち、ほぼ全体の街並みが整った。しかもこれに隣接するデンマーク大使館も同じ建築家によって設計され、ヒルサイドテラスと一体化している。さらには六年後、五〇〇メートル先の飛び地にヒルサイドウエストと呼ばれる新しい三棟が完成した。全七期、三十年間にわたってつくられてきた建築複合体である。

オーナーは朝倉不動産。一族の方々はここを住まいともされている。設計は槇文彦主宰の槇総合計画事務所。九八年竣工のヒルサイドウエスト内にそのアトリエがある。そのほかにも槇事務所と関係の深いデザイナー、建築家、企画・編集者などでここを仕事場にしている人が少なくない。つくってきた人たちが結果として守ってもいる街である。

住居は全体で約五十戸。低密度といえるだろう。ここの独特の雰囲気は、ホールやギャラリーまで備えた多様な都市施設と肌理の細かいオープンスペースとがコンパクトに織りなされ、同時に気持ちよくほどけていることにある。こうした建築複合体のつくり方をそれだけまねしても、それがまるごと商業建築であるかぎり、あるいはその上に単純にプラスアルファとして集合住宅を載せるだけであるならば、ヒルサイドテラスにはおよばない。ここでも基本は先にふれた二階建ての店舗併用住宅と変わらない。それを大きく展開するにあたって住居を排除したり私領域として遮断したりしなかった。住まいはあからさまには見えないけれど、じつは思いがけないほど大胆にまた慎重に「街」のなかに組みこまれている。いわば隠れ家をつくること、槇文彦の言葉を借りれば「奥」をつくることが建築手法の要になっているのである。だから、いくつもの小さな店やあちこちから顔を出す緑までもがここに住んでいるかのように思えてくる。

「街」をつくる基準がここにある。

古い建物の残し方

前回、代官山ヒルサイドテラスを紹介したとき、この「街」のなかに古い稲荷塚が残されていることについてもちょっとふれたが、もう少しくわしくいうと、お洒落な店と店とをつなぐ小さな広場に緑がこんもり盛りあがっているところがある。そこを分け入るように登っていくとお稲荷さんの祠《ほこら》がちゃんとあるのだ。まるごと新しいだけの街ではないと思うと、この辺一帯にたいする気持ちも変わってくる。集合住宅だって土地の上に、土地の歴史の上に建っていることがわかってくる。

ロンドン市内のバービカン団地（チェンバレン、パウエル&ボン、一九六六—七六年）は、一四万平方キロメートルにおよぶ再開発計画によるものでもあるために、学校、レストラン、図書館、劇場などはもとより警察署や消防署までそろっているが、この大規模団地を「街」と端的に感じさせる役目を果たしているのは、中心部の湖のほとりに建つむかしながらの堂々とした教会堂である。そのまわりの広場に敷きつめられた舗石には文字が彫られている。どうやら墓碑銘らしい。墓石の大胆な使いまわしはよほど古いものだからなのか。石の刻み目には苔が生えて緑や白の文字に変わっていた。

次ページ上・バービカン、ローマ時代の塔跡。
左手にセントジャイルズ教会。右はウォールサイド・
ハイウォーク。下・バイカー、ヘッドラム通りのパブ

Newcastle

バイカー、シプリー通りの屋内プール

さらには由緒ある城壁が新しい道路や橋と交差しながら長く延び、その脚元は濠の水に洗われている。こうした建築遺産には解説パネルが設置されている。新旧の、生と死の建物が入り混じり、住人と外来者との出会いがごくあたりまえの、けれども外に開かれた場所と住む内側のルートや領域はきちんと分けられ、閉じた住宅地でも野放図な盛り場でもない独特な街になっている。

イギリス北部ニューキャッスル・アポン・タインのバイカー団地（ラルフ・アースキン、一九七一—八二年）も再開発計画による。住民人口六千をこえるバービカンにたいしてバイカーはその三分の一程度の規模。別の説明をすれば前者との決定的な違いは、バイカーはもともと均一的なテラスハウスがどこまでも続く「村」だった。その老朽化のために全体がかつての面影をどこかに残す低層の集合住宅群を主体に建て直され、住民たちがそっくり新しい住まいに入れるよう再開発されたことである。

だから計画段階から担当設計者が団地内にオフィスを開設し、地元住民に望ましい住宅の間取りやデザインについての要求を聴いて設計に反映させるという住まい手主体の環境づくりをめざしたのである。そうしたプロセスのなかで建築家側があまり現代的な「デザイン」で角張らない、むしろいままでのテラスハウスの風景を下敷きにした建築計画案を叩き台として提出したのは当然だといってもいい。

ところが多くの住民はそれを拒否した。これまでの住まいとは断絶した、まったく新しい建築を要求した。実際できあがった団地は、勾配屋根ではあるが素材や色合いが斬新だ。ここの住民は職工の人たちである。外から訪れる者にとっては懐かしいとも思えたかつてのテラスハウスは、住むには苛酷だったにちがいない。現地を訪ねてそれを痛感した。だが共有施設だけは以前のものが許容された。教会やパブやプール（現在はクライングジム）。これらの建築には住まいとは別の記憶があるのか。

フランスではどうなのか。パリの郊外にはいくつかの新衛星都市がつくられている。担当設計者の意図、いや意欲が剝き出しになったような強烈なデザインの集合住宅が多い。たとえばピカソ・アリーナ（マノロ・ニュネズ゠ヤノヴスキー、一九八六年）は大太鼓のような円盤状の壁に八角形の窓を無数にあけた建物が二棟、広場をはさんで向かい合っている。あるいは外壁が色とりどりの住戸をレゴのようにピラミッド状に組み上げていたりする。日本の集合住宅は板状住棟を日照間隔をとって平行に南面配置するのを基本とし、そこから中庭を大きく確保したロの字型住棟に展開したりしているが、フランスではそんな日照時間確保には無頓着なのか、むしろパンチの効いた形態や色彩を駆使して郊外にやってきた新たな住民を活気づけるデザインを優先しているかに思える。

住宅だけではない、こうしたニュータウンは最寄りの駅も幼稚園も学校も教会も、玩具か菓子の箱みたいな建築になっているところがある。オブジェ風ともいえる。一挙につくりあげたこうした新しい環境が住民にどう受け入れられているのか。そこに住む人々の声を聴く機会はそのときはなかったが、賛成ばかりではないだろう。短期間でも自分で住んでみたい気がする。

パリ圏内のこうしたニュータウンを訪ねてまわるなかで印象的な建物に出会った。住民への情報サー

次ページ・パリ郊外ニュータウン（2点とも）。
古い民家を生かしたコミュニティセンター。
117ページ・リール郊外ニュータウン（2点とも）。
繊維工場から集合住宅へのコンバージョン

ビスや手続きを扱うコミュニティセンターである。まわりが全部新しいのに、そこだけは古い民家を改装して使っている。なにかと立ち寄る必要のある、水場ともいえる建物がいちばん古いのだった。

パリから北上し、海にもベルギー国境にも近いところにリールがある。繊維工場で発展し、国内第四位の大都市圏を形成していた。この近郊にニュータウンがあり、そこで建設途中の集合住宅団地を訪ねたことがある。といってもすべてが新築ではなく、操業停止した煉瓦造の繊維工場を住居にコンバージョンする、建設というよりは改築の工事現場をとくにくわしく見せてもらったのである。

もとが工場であるという出自は、がっちりした軀体が一直線に長く延びていることですぐわかる。同じ窓が等間隔に並んでいる。構造体に手をつけることはむずかしいが、窓三つ分、四つ分を一住戸として窓枠だけは少しでも住宅らしいものに変えたり、上下に二分したりする工夫がうかがえる。

内部ではさらに肌理細かい改装がおこなわれていた。繊維がずらっと並んでいた工場のスケールを人間家族が住むサイズに切り替えなくてはならない。生産のための光は家庭内の作業やくつろぎのための光に移しかえる必要がある。天井近くの壁を開けて高窓をとり、間仕切りや床を増やし、居間や食堂が少しずつ見えてくる気配があった。ここでは古い建物のなかに新しい住まいをつくろうとしている。横に建設中のまるごと新築の棟よりこの改装住宅のほうがロマンチックで、住んでみたい気持ちにもなる。実際、この工場で働いていた人の入居のばあいは家賃割引の特典を市住宅局でつけたという。

ところが驚いたことに該当家族の入居申し込みはさっぱり。バイカーと同じ心情が影を落としているのか。このように古い建物はそれぞれに住む環境の事情を映しだす。現場を監理していた若い青年がよいことも悪いことも率直に話してくれたので、いろいろなことが学べた。

緑の原像

住まいを飾る緑。花も草木も、灌木も芝生もそうだし、立木まで加えてもいいが、建築のデザインについても好き嫌いはあっても、緑という要素にたいしては誰もが好意的なんだと思う。その気持ちはわが家のバルコニーに置いてある植木鉢から海外旅行先で出会う緑まで地続きで、どこで見てもきれいだな、いいなと思う。しかしどこか違う。身近なところでは、ヨーロッパの都市などでは花屋の店頭が日本のそれと違う。何百もの花をひとつにまとめて、しかも種類や色別に絵具か織り糸のように分けながら全体を大きな花のように見せていたりする。デコレーション・ケーキをつくるような感覚が花束づくりにもおよんでいる。豪華ではあるが、日本人からみればつくりすぎ、もう少し自然のままのほうが好き、と思ったりする。それは家々の窓やベランダの花飾りも同じで、きっちりと隙間なく、あるときにはシンメトリカルに花や草木で埋めつくす。ドイツの町などでは通りに面して並ぶ町家のベランダがすべて同じ花で飾られていて、これには何か両隣との申し合わせがあるのかと思うが、町単位でその美しさを競い合うコンクールがあったりするらしい。なかには花に無頓着な家もあるはずで、そのための花

飾り代行をするサービス業者もちゃんといるという。

現代の集合住宅では、まずウィーンのフンデルトヴァッサー・ハウス（一九八六年）がある。市内の古い建物が黒々と並ぶ一角に、突然そこから火の手があがったかのように活発な造形と樹木が噴き出している。架空庭園みたいな構成。その激しさはアヴァンギャルド風だが個々の要素はむしろウィーンの伝統的な街のイメージを拾い集めて球形の塀飾り、曲線の手摺、彫像、クーポラ屋根。窓だってむかしのまま。肝心の緑はというと、これだけは建物を優しく縁取ったり上品に脚元を隠したりというのではなく、けっこう大きな立木が建物を押しのけんばかりの勢いで、地上から屋上まで昇っていく。ユーモラスでもあり、ワイルドでもある植栽計画だ。

これを設計した日本でもよく知られている画家フンデルトヴァッサーは、建築の合理主義を批判して「建築にカビを生やそう」などとおもしろい提案をしている。カビとは突拍子もない造形や盛りだくさんの樹木と言いかえてもいいだろう。その外観は半ば街に呼びかけたメッセージともいえる。実際にこの集合住宅は人々の関心の的となり、観光バスが停まるし、隣には土産店までできた。しかし屋内に入ると静かな中庭があり、ウィンター・ガーデンと呼ばれる共用サロンでは窓辺の緑に慰められる。住人にたいしてはむしろ伝統的な住まい様式を守っているとさえ思える。個性的な建築だが、これでもウィーン市の公営住宅なのだ。建設費用はふつうの二倍かかったが、効果はそれ以上を得た。

ウィーンだけではない。たとえばパリ近郊に点在する新都市につくられている公営住宅の大胆な造形も、こちらはまねできないものが少なくない。住宅以外の建築ならどんな奇抜なデザインでも平気でとりいれることができるのに。住む建築と緑の扱いについては、世界は均一化されていないのかも。

120-121ページ・フンデルトヴァッサー・ハウス（3点とも）。右ページ上・外観。下・中庭。左ページ・ウィンターガーデン。窓の外は表通り

何度でも出てくるニューキャッスル・アポン・タイン郊外のバイカー再開発団地（一九七一—八二年）では、緑にたいする住民の考えについてまた別の意味で驚かされた。この団地は敷地のへりに沿って長い長い壁状の住棟が囲む、その内側に低層の住棟がゆるやかに点在している。棟と棟とのあいだは芝生、灌木、立木で埋められ、歩道がそのなかを縫うように延びる。団地というより村の風情である。

むかしからの共用施設は残しながら住棟やオープンスペースを一新した再開発団地。だから元の住民たちが新しくなった町にもなじめるように、設計者のラルフ・アースキンが知恵を絞り、かつての町の記憶と重なるような家並みにした。そして前にはほとんどなかった緑の庭、緑の道で豊かな環境をつくった。私が訪ねたのは完成してほぼ十年が経った時点だったので草木はしっとりと落ち着き、家々が建つ以前にあった自然の姿のようにさえ思われた。入口まわりが木立で半ば隠されてしまっている住戸もある。私たち日本人にとってもなんら異和感のない、むしろ理想的な家と緑との関係である。しかし団地内の住民センターで若い女性の係員に、植栽がすばらしいですねと感想を述べたら、困った顔をされた。住民には評判がよくないという。木々の繁みはよからぬことを考えている者の格好の隠れ場所になるからだそうだ。日本の団地でもありうることなのだろうか。

ロンドンのバービカン団地（チェンバレン、パウエル&ボン、一九六六—七六年）は第二次大戦時の爆撃で破壊された下町約一四万平方メートルの再開発団地である。生き残った古い教会堂と墓地、掘割と城壁の一部を核として巨大な町がつくられた。劇場、映画館、美術館、学校、大温室、電話局、郵便局、病院までそろっている。広い池を望むレストランがあり、駅も入りこんでいる。住宅は中・低層、そして超高層タワーも三棟そびえている。大規模に加えて構成要素があまりにも多様。建築群は造形がやや

バイカー・エステート内、テラスハウスが連なる通り。

過剰でセンターの人工湖もつくりすぎの感があるが、街全体がとりとめなくならないようにデザインを濃いめに味つけしたのか。高層住棟のバルコニーも花でぎっしり。色あざやかな花の層とコンクリートスラブとのサンドイッチが空にそびえている。非住民も行き来できる「街」は水と石畳。住民の専用領域は囲われた緑。一見したところ区別がつかないが、ふたつの領域が相互に見合えることで全体が豊かなのだ。

表通りに面した一画では、低い塀ごしにさまざまな花や緑が顔を出している。その奥に住棟がある。ここの一階は高齢者専用に当てられており、花や緑はそれぞれの小さな庭での丹精の結果なのだった。個人の楽しみを社会の喜びに結びつけることを、バービカンではシステマティックに計画している。集合住宅にはそういう潜在力があり、国や風土によって緑にたいする見えない原像がそれぞれにあるはずだ。

次ページ・バービカン、アンドリュース・ハウス。
専用庭が並ぶハイウォーク下の高齢者用住宅

「わが家」の色

東京の原宿駅前。神宮内苑の森がすぐそこまで迫っている場所に建つコープオリンピア（清水建設、一九六五年）はその名のとおり一九六四年の東京オリンピック開催を記念するかのように計画され、翌年完成したときはあまり先例のない高級マンションとして注目された。ここにはホテル並みのメインロビーがあり、外来者はもちろん居住者の出入りチェックも、また郵便物や車のキーを預かるのも機械ではなく人である。それも通常のマンションにあるような小さな管理人室ではなく、広々とした空間にいくつもの応接コーナーまで配して当時は画期的だった。床はカーペット敷きである。住戸が並ぶ廊下にも赤い絨毯が敷きつめられ、いちばん奥までひっそりと続いている。住戸のドアに居住者の名札はほとんど見当たらない。小さな部屋番号がついているだけである。まさにホテルの趣で、集合住宅とは思えない。けれどもこの八階建て、百六十四戸の所有区分の全容をもし見ることができるとすれば、集合住宅というよりは戸建て住居の立体的集合ともいうべきダイナミックな構成に驚かされるにちがいない（その一部分が完成当時紹介されたものから想像するかぎり）。

中廊下形式である。それを挟む住戸は間口約三・七メートル、奥行約七・二メートルを基本単位とするが、客はその何単位かをまとめて（つまり、より広い住戸を）申し込むことができる。実際に三単位、四単位の購入もあった。最上階ではメゾネット住戸も可能とされた。だから間口は一単位でも住戸内上階は中廊下部分まで含めた、表通り側から裏側まで抜けた細長い住まいをつくることもできる。ただそのばあい中廊下がなくなるので、メゾネット型は一ヵ所にまとめる配慮が必要となる。

こうした多種タイプの住戸を客にアピールするために前もって計画し、設計するならいまだってできなくはない。むしろそれが一般的である。ところがコープオリンピアでは客の要求に応じていわば陣地取りをしていく。固定しているのは柱梁の構造体と配管配線の位置だけで、各住戸間の境壁は販売終了を待って決まるという自由さである。この自由のために営業の苦労は並大抵ではなかったという。どこが売却済みでどこが空室かのチェックなら簡単だが、下手すると複数単位を購入した隣同士で一単位分が重なってしまったり逆に空きが半端に出てしまったり、そんなことにでもなれば調整作業が全体におよびかねない。

どうしてこんな面倒な企画を立てたのか。当時、民間集合住宅建設本格化の時代を予感するなかで、じつに単純に理想をめざしたからにすぎない。日本住宅公団発足から十年経っている。発足時の意欲あふれる堺市の金岡団地、前衛的ともいえる東京の晴海団地、埼玉の草加松原や千葉の高根台などの大規模団地も完成して、公団住宅の典型が出そろった時期でもある。こうした公的な集合住宅の果たした役割をみながら、統一的規格のなかでの個々の住まいではなく、個々の住まいを積みあげた結果としての集合住宅、そこにこそ「わが家」を感じてもらえると民間の企画・設計者たちの途方もない夢があった

次ページ上・コープオリンピア、表参道沿いの外観。
下・NEXT21。129ページ上・シンガポールの街並み。
パステルカラーで彩色されたチャイナタウン。
下・新しい建物にも縦割りの彩色は受けつがれている

JAY 7765

NISSAN
ISUZU
Hino

はずで、それが実行された。

その「個々」の表情はコープオリンピアの外観には直接出ていない。バルコニーもない。しかし閉じた印象ではない。スパン一単位ごとに壁と窓面が斜めに突き出され、その鋸歯状の反覆が見る位置によって動きを感じさせ、全体に静かではあるが生活の活気を生み出している。このあらわれが「わが家」と集合住宅を結びつけるこの時代ならではの最上の解答のひとつだったと見直すことができる。取材したのは十五年ほど前だが、意外だったのは高級マンションにしては駐車スペースが手狭であることで、そこにもマイカー・ブーム直前の時代を感じとれる。

都住創13号スパイヤー

個々の住まいから始める集合住宅は、いまでならコーポラティブハウスがある。つくり方のシステムがはっきりしているともいえるが、そのぶんだけ問題もある。土地の取得から建物の設計、さらに工事発注・管理まで、そこに住みたいという人たちが自分たちでおこなうわけだが、最初から関わっているのだから自分の住戸は好きなようにつくってあたりまえと権利ばかりを主張するやっかい者のために、せっかくのプロジェクトが空中分解に帰した例も少なくない。実現したケースは東京に二、三あるが、これに関しては大阪が大きな成果をあげている。「都住創」（都市住宅を自分達の手で創る会）という建築家グループが中心となって参加者間で粘り強く協議を重ねる体制をつくりあげ、しかもじつに多様な住戸を立体パズルのように組み立てたコーポラティブハウスを二十棟近くも完成させた（一九七五―二〇〇二年）。建物を現実のものにしていく過程で参加者同士の信頼も強くなっていった。そのあらわれとして、打ち放しコンクリートの壁に住民の名前や家紋を大きく刻みこんだ事例もある。集合住宅だが転売などしない。ここはわが終の住処である。そんな意志をアピールしている。

大阪にはもうひとつ注目すべき試みがある。大阪ガス・リビング事業部による「ネクスト21」（一九九三年）である。インフラストラクチャーとして六層のフロアの構造体をつくり、各フロアに戸建てみたいに形の違う住戸（十三組の設計チームによる十八戸）を並べ、各住戸のあいだの隙間を路地と見立てて階段やブリッジにつなぎ、中庭や屋上その他あらゆる場所に草花や立木をふんだんに盛りつけている。集合住宅というより立体住宅地である。ここで住まい手による環境保全、屋内の改装、住戸の増改築など集合住宅に発生するさまざまな必要な営為を「計画的」に想定し、その現実性を確かめていく実験場ともいえる。特殊な例ではあるが、緑に包まれたなかから表情豊かな家が顔を出している現在の姿に、集合住宅という統一体のなかで「わが家」をつくりだす手がかりが見えている。

シンガポールの下町、チャイナタウンやインド人街では、一階が店舗、二―四階が住居階でブロックごとに隙間なく軒を連ねた町家は間口も階高もそろえて形そのものにはほとんど変化がないかわりに、自分の家を思い思いの色で塗り分けている。好きな色といっても、すべてパステルカラーで統一されている。それだけで個々と全体がシンプルにまとめられた街並みで、世界でもっとも美しい事例だと思った。むかしのことで、いまはどのくらい残っているかおぼつかないが、同市内あるいはバンコクあたりの新しい、同じ構成の店舗つき連続住宅に自分の領分を宣言する色彩が引き継がれている。

プラスアルファ

同潤会アパートメントについてはすでに関東大震災後の復興住宅としてつくられた歴史の概要を紹介し、現在の集合住宅にも劣らない魅力にふれたが、その掉尾を飾る同潤会江戸川アパートメントの一室を借りて十数年使っていたことがある。当時は東洋一の謳い文句で登場した広大な中庭を囲む六階建ての住棟で、一階から四階までが家族用住戸。その上の五、六階に単身者住戸が中廊下をはさんでずらりと並んでいた。外観にもその階の違いがあらわれている。洋室と和室があり、だいたい四畳半から六畳の広さ。炊事、洗濯、便所は共用である。だから、ここに住むこともできる。けれどもそれ以上にこの個室階が潜在能力を発揮したのは下の家族住戸の子供部屋や書斎にもなったことである。

集合住宅の宿命として、一住戸の面積が限られていて増築できない。さらに広いところに引っ越すか、近くにもう一住戸手に入れるかという場合もままあるが、この江戸川アパートは一部屋単位で足していける。都合がいい。複数の部屋をもつ家族もあった。全百二十六戸の家族住戸とほぼ同数の単身者住戸があるから、その点もゆとりがある。同じ住棟のなかで、いわば「母屋」と「離れ」が違う階にあり、

次ページ・同潤会江戸川アパートメント（3点とも）。上右・コの字型の1号館と中庭。上左・1号館5階の中廊下。両側に個室が配置されている。下・同個室内

それなりの距離を保つことになるから気持ちの切りかえもできる。さらには、たとえば子供部屋に使われる場合、ふだんはつきあうことのない子供同士が出会う機会もある。一九三四年完成の集合住宅にこうした弾力性のある部屋構成が組みこまれていた。驚くべき先見の明である。

この個室階には家族ではない、外からの自由な単身者も入りこむことができたわけだから、そこから問題が生じることもあったらしい。とくに戦後まもなく空襲で家を失った人々がこれらの部屋に住みついて、高級集合住宅にふさわしからぬ様相を呈していたという。規制を外せば混乱は起きる。

JR原宿駅前の、これもハイレベルなコープオリンピア（清水建設、一九六五年）はホテル並みの管理が行き届いていることで知られるが、ユニークなプラスアルファの部屋がある。ここを訪ねてくる客を泊めるゲストルームが数室用意されている。住人がその日を予約すれば使える。私もつい最近、ここに住んでいる友人の好意で一泊体験させてもらった。夜遅くまで友人と気兼ねなく話し合ったあと、洗面具をもって泊まった飾り気のない部屋でめざめた原宿の朝、屋上に昇ると目の前に神宮内苑の樹木の海が一面に広がり、その果てに新宿の超高層ビル群。遠来の客の気分になった。

同じように住人が共用し、やはり予約すれば自由に使える部屋を、アムステルダムのエイヘンハールト集合住宅（ミケル・デ・クラーク、一九一九年）で見た。訪問した住戸から緑豊かな中庭を見下ろすと、正方形のフラットルーフの建物がいくつか、住棟から少し距離を置いて点在している。庭に降りて近づいてみると、木造平屋の倉庫みたいな佇まいである。音楽の練習などによく使われるという。ここなら他の住人たちの迷惑にならないだろう。一日中読書したり書きものしたりするのにも具合がよさそうな、隠れ部屋である。

集合住宅の住戸は無駄な動線をできるだけ排してまとめるべきという常識を逆転して、それぞれの部屋をできるだけバラバラに分けて廊下や屋外通路で結ぶ。そうすれば戸建て住宅に近づくという考え方もある。実際に元倉眞琴設計の「池上の集合住宅」（一九八九年）は、地下一階、地上四階の鉄筋コンクリート造で八住戸を複雑に組み合わせている。たとえばある住戸は玄関を入ったわきにダイニングキッチンとリビング、そこから長い廊下を通って寝室、また玄関を出て屋外通路を渡り階段を昇ったところにアネックス（別室）と呼ばれる小さな部屋がある。これもプラスアルファの部屋だ。

ほかの住戸でもメゾネットで上下階に部屋を分けたりして、八住戸ではあるが三十近くもの部屋を分節・構成している。結果として個々の部屋にめりはりがつき、外部空間が内部化し、住戸区分が曖昧になる。部屋の独立性が高められるということは、それぞれが閉じるのではなく、住んでいる様相が渾然一体に開かれたかたちとなり、つまりは小さな街のように見えてくるのだ。

UR都市機構でも、たんなる住戸構成の枠をこえる試みがみられる。東雲《しののめ》キャナルコートCODAN（二〇〇三―〇五年）は千七百二十戸の大規模団地だが、このなかに「在宅ワーク支援型」と名づけた住まいを入れている。住戸の隣に在宅仕事用の部屋を付け足し、住まいと行き来できる一方で、外に対して入口が二ヵ所あるから仕事関係の客も直接出入りできる。このような工夫で現在のライフスタイルに合う建築計画が模索されている。

住んでいるところとは別に、都市のただなかにプラスアルファの部屋を集めてつくってしまおうという考え方もあった。黒川紀章による高名な中銀カプセルタワービル（一九七二年）はその典型。FRP一体型のバスユニットのほかに電話、テレビ、デスクなどを組み入れたつくりつけ家具、間口いっぱい

次ページ・エイヘンハールト集合住宅。
中庭に並ぶ菱形状の「離れ」。
137ページ・池上の集合住宅。中央にアネックス。
下・中銀カプセルタワービル個室内

中銀カプセルタワービル外観

の寝台がコックピットのように無駄なく配置されている。寝泊まりはできるけれど調理と洗濯の機能はない。だから住戸ではなく「離れ」であり、その「母屋」は都市そのものなのである。黒川のこうしたイメージはちゃんとデザインに投影されている。私が訪れたのは画廊を経営している人がオフィスとして使っているカプセルだったが、室内に入ると空間全体が身じろぎするような、茶室に似た居心地のよさが感じられ、狭いけれど天空に解き放たれる気分になる。直径一・三メートルもの丸窓が都市を遠くまで見渡しているからだ。

一般の集合住宅が住戸の内部に生活の核を据えているのにたいして、黒川のカプセル空間は半ば都市のなかを漂っている。その建築は現代の都市生活のある局面をストレートにあらわしている。たとえば同潤会江戸川アパートの単身者室を私が使っていたのは漫画本の収蔵庫としてである。パリの書店などでも大判のコミックを買い漁ったりしたので、わが家では収拾がつかなくなってきた。それで由緒あるアパートの一室を借りたのだが、子供心に帰る「離れ」まで電車を二度も乗り継いでいくのは楽しかった。しかしその後に仕事の本がふえて、江戸川の近くにマンションの一室をさらに借りた。仕事となると遠距離の離れはうまく機能しない。結局、家の庭に小さな書庫を建ててプラスアルファの部屋としたのだった。

「しまう」と「見せる」

本書冒頭でも紹介したカステル・ベランジェ（エクトール・ギマール、一八九八年）。アールヌーヴォー様式の名作建築はいまも健在で、住んでいる人たちの愛情も伝わってくる。訪ねた住戸のひとつは小さく、キッチンのほかは食堂兼書斎、居間兼寝室、それに子供部屋。三人家族が使用時間をやりくりしながら、それでもここから離れるつもりはないとほほえんでいた。夫はコンピュータの情報処理、姉さん女房は国立視聴覚研究員というういわば知的職業のためか書籍や資料の量が半端じゃないのに、臆することなく建築に調和する家具や照明器具を積極的にそろえ、しかも各部屋は個性あり、きちんと整理もされている。ごくふつうの道具や食器までギマールつながりに見えてしまう。

なかでも驚いたのはトイレのドアを開けたときである。左右と奥の壁が棚いっぱいの資料ファイルで埋めつくされている。しかもしゃれたランプがこの小さなブース内をちゃんとした部屋に仕立てている。そしてドアの裏には毛皮のコートがかけられていた。たぶん、日常頻繁には使わないものや季節ものなどをしまっておく納戸を兼ねているのだろう。それにしてもドアまで衣類がけを兼用しているとは。た

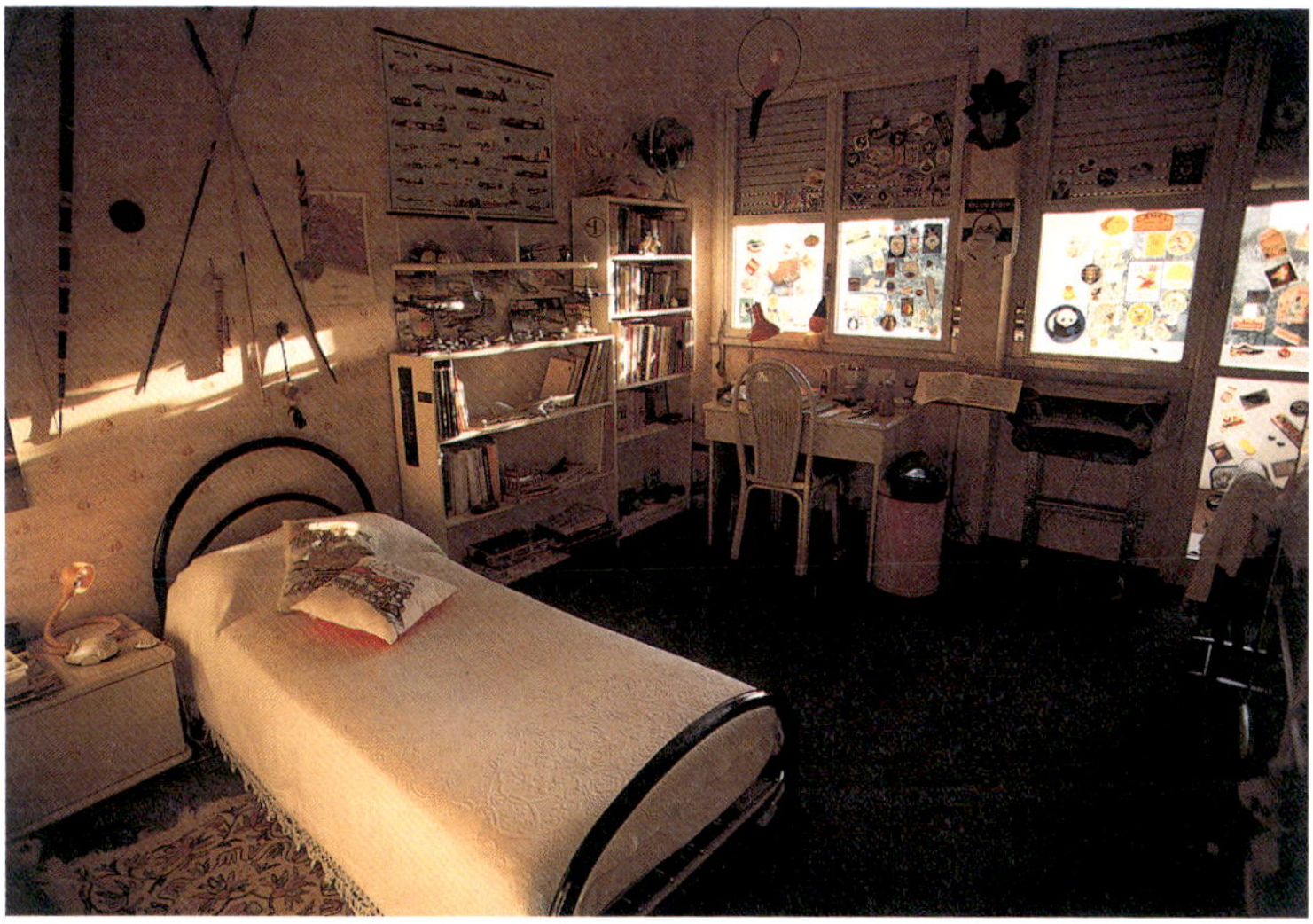

ガララテーゼ集合住宅D棟の子供部屋。前ページ・カステル・ベランジェの住戸内トイレ

だただ感服するばかりだった。

ものをしまう。辞書を引くと、仕舞う、了う、終うとも表記され、「しもたや」となにげなく呼ぶ建物があるが「仕舞うた屋」の転記で、商売をやめた家というような例もあるから、しまうとはものを片づけて目の前からなくしてしまう、そして一から出直すといったニュアンスさえ感じられる。日本人の住まい方には本来そのような美意識があったと誰もが言う。季節の花と掛け軸と道具だけを飾り、あとは何ひとつ余計なものを置かない座敷を理想とするような。そして他の美術品などは箱に納めて納戸や蔵にしまう。

こうした生活像は現代の日本人にも受け継がれているようだ。ものの整理の基本は、要らないものはしまっておく、のではなく捨てなさい、といった暮らし術が説かれることが多いが、裏を返せば衝動買いを諫《いさ》めている。欧米の住まいを訪ねて印象的なのは、家族や友人知人の写真が数多く飾

ジョン・ソーン自邸の彫刻ギャラリー

られていることで、肖像写真だけでなく記念行事の記録なども堂々と掲げられている。もちろん、いまは日本の住まいにもそんなコーナーを見かけることが多くなってきたが、飾りつける気迫が違う。モニュメントをつくりあげるような構成力と執念を感じる。家族の写真だけではなく、自分の集めたものをしまっておくよりは展示する。そういった考え方が家全体のしつらえとなっている。玄関でも食堂でも、居間でも子供部屋でも夫婦の寝室でもそれは同じである。取材に行くとどこもかしこも見てくれといわれる。遠慮してはならない。

極端な例をひとつあげると、集合住宅ではないがロンドンの表通りに面したタウンハウス型の住まい、建築家ジョン・ソーンの自邸（一八一四年）がある。十八世紀半ばから十九世紀半ばまで生きた建築家で、膨大な建築・美術のコレクションを古代エジプト、ギリシャからルネサンス、それ以降の時代にまで求めて、生活の場は絵画や彫像、建築の断片から墓棺までがひしめく博物館に変容していった。いまはソーン・ミュージアムとして公開されている。個人が集めたモノの力に圧倒されて三日間通いつめた。

東洋と西洋とを安易に図式化して対比したくはないけれど、もののしまい方と見せ方には、現代においてこそ人それぞれの暮らしの作法をこえた根強い文化的背景がごく身近なところでも見えてくるのではないか。日本での集合住宅において「しまう」場所をつくるいくつかの試みがある。

対象はパブリックハウジングである。制約の多いなかでの工夫が基本的な問題を教えてくれるからだ。まず住戸のなかの収納スペース。十年ほど前に拝見した事例だが、たとえば居間・台所のフロアと上階の寝室フロアとのあいだに天井高の低い収納フロアを設けたのがあった。立って歩けない、膝行してようやく進めるのだが、その奥が深い。これなら箪笥でもスキー用具でもなんでも入る。でも、これはだめだと思った。自分は閉所恐怖症ではないつもりだが、天井が低く広いスペースは押し潰されそうで怖い。膝をついたままの姿勢では、重いものを動かすのも一苦労だ。

その後につくられた住戸では居室の天井を高めにして、たとえば個室の真上に小さな子供なら立って遊んだりできるほどの天井高のロフトをつくっていた。ここには梯子で昇る。吹き抜けに面したロフトの縁は棚で囲っているので安心、収納にもすぐ使える。住戸内の最上部にあって半ば開かれたフロアなので居心地も悪くない。

これらがどういう試みなのかというと、要するに居室ゾーンと収納ゾーンとを切り離す、収納ゾーンは天井を低くして気楽に立ち入れないようにする。でないと収納は確保できない。

こうした考え方は、私の知るかぎりは金沢市内の県営諸江団地（現代計画ほか、一九八〇年）あたりから具体化してきた。通路を隔てて入口ドアの前に外物置が設置されている。住戸内に置くのがやっかいなもの、かさばるもの、たまにしか使わないものはこの外物置にしまう。と同時に毎日使う乳母車やショッピングカートのガレージにもなる。集合住宅では入口ドアの内側は専用、外側はすべて公園まで共用となっていたのを、その中間、入口の真向かいに、収納とはいえ専用の小さなスペースをつくる。それだけでも日常生活の場に余計なものが入り混じらないですむ。

石川県営諸江団地。通路左手に並ぶ外物置

現在、しまうべきもののうちにはさらに大きなものもある。車やオートバイ、それに関わる部品もあるだろうし、アウトドア用品も増しているだろう。日本全国の住宅地から人が住んでいる優しい表情を奪い去り、仮面の連なりのように変えてきたのはガレージであると私は思っている。集合住宅エリアの共用駐車場・駐輪場はそれ以上に野放図な場所であることがふつうだが、ここにこそ建築家の腕のふるいどころがあり、住む人々の要求が生かされる余地がある。

カステル・ベランジェを設計したエクトール・ギマールがパリ地下鉄駅の地上ゲートをデザインし、出現したばかりのエッフェル塔とともにパリの景観にそぐわないと非難された時代もあった。自動車やロボットが家族の仲間入りをするのも新しい時代の兆候である。収納スペースをただつくるのではなく、しまうこと、見せることの魅力的な発想や設計が必要になってきている。

次ページ上・長野市今井ニュータウンA工区。
中庭側に並ぶ物置と駐輪場。
下・同E工区、住棟と駐輪場。住棟側に
メッシュボックスのタイヤや屋外作業道具収蔵庫

境界の部屋

畳替えのときには、畳屋さんがその家に出向いてくる。上げた畳を門前《かどさき》に持ち出して、古い畳表を新しいのにとりかえる作業を道端でやっていたから、子供たちはその逐一を見守り、太い針の扱いとか掌や肘の力を活かして畳を制御する技とかを自然に学んだ。鋳掛け屋さんも路上の職人で、これと決めたところに座を占めれば近所の奥さんたちが鍋釜下げて集まってくる。子供たちはハンダづけの技法にも目を凝らした。広場などなくてもたいていは道端で事足りたのは、自動車の行き来がふつうの住宅地ではほとんどなかったからだ。それが子供たちにとっての「街」が存在していた最大の理由である。いま住宅などをつくっている現場では、昼休みの職人さんはホームレス状態になるのがちょっと気の毒だ。

そのような「むかし」は、地域によってはまだずっと続いているかもしれないという夢がある。私のばあいは小学初級ごろまでとほんとうにむかしであるが、「街」に出ると繁華街とか商店街とかの名はそぐわない、そんな通りにある店はどれもただ商品を売るのではなく、売り場の一隅あるいは奥の部屋でつくったり組み立てたり調合したり直したりしている。その様子を見ていた。いまだって豆腐屋や自転車店、薬局やクリーニング店がそうしているが、むかしはそれぞれの店で商品に手をかけている光景がもっと活発に通りにあらわれていた。たとえば酒屋の棚に一升瓶やボトルが並ぶようになったのはだいぶ後のことで、店内には四斗樽がいくつかあるだけ。客が来ると好みに合わせて酒をブレンドする。樽の底近くの木栓を抜いて酒を客の瓶に注ぎ、それに他の樽の酒も目分量で加える。客ひとりひとりの舌に対応する名人芸は、酒が一級二級と規格化され瓶詰めにされてしまった戦後は見ることもなくなった。店内光景が一変した。

でもスペインの小さな町で同じように十数個のワイン樽を積みあげて、木栓を抜いて瓶に注ぐ酒屋をテレビで見たし、アメリカ西海岸のやはり小さな町の小さな煙草屋に寄ったら、店主がこちらの好みを聞いてパイプ煙草をブレンドしてくれたこともあった。

懐かしんでも仕方ない。けれども売り手がぼんやり立っているだけ、商品がずらーっと並んでいるだけよりもその背景に人の動きが感じられ、商行為と家内工業が一体になったような店が連なっている街がやっぱりおもしろい。それは空間的にも、内部と外部とがつながる意味でも「厚味のある店」の必要である。ガラスの部屋のなかで蕎麦の手打ちを見せる、ああいう店のことでなく。

ここで強引に集合住宅の話に移してしまうけれど、とくに公営の、あけすけな生活行為を展開しているテラスやバルコニーはけっこう見応えがある。各住戸のそれは店と同じ、その店が連続している光景は「街」なのだ。何も売っているわけではないが、つくったり組み立てたり調合したり直したりしている。うちは洗濯物を干すだけで何もつくっていないと言うかもしれないけれどさにあらず、洗濯で日々新しく清潔な衣服をつくっているのだし、ビニールのプールで幼子を遊ばせているのは人間をつくって

次ページ上・中島ガーデン。住棟間の「路地」。ベンチの向こう側は専用庭。下・環境共生住宅ラメール中名団地。通路左手に専用庭とポーチを連ねる住棟、右手に「土手」を挟んで並行配置された住棟

いる現場ともいえる。

花や緑で美しく飾られたバルコニーはすばらしい。道行く人にも楽しんでもらいたいという心づかいが伝わってくる。そこに人に見せるつもりのない「厚味のある店」も加えたいのである。

集合住宅ではとくに庭やテラスやバルコニーが居間や食堂を屋外に方向づける介添役、補佐役に甘んじているばあいが多い。それでは手ぬるい。居間も食堂も変えられない。いや居間や食堂は本来変わらない。そうした場所はいっそ独立した外部の部屋として考えなおそうとした試みがある。

建築家・松永安光設計の「中島ガーデン」と名づけられた低層高密度集合住宅（一九九六年）がある。二階建て、フラットタイプとメゾネットタイプで構成された全十二戸という小規模のうえに、コンクリート打ち放しの外壁や床の舗装がモノトーンで仕上げられているし、各住戸へのアクセスが下草やせせらぎで縁取られているから、落ち着いてどこか懐かしい。松永は「路地型集合住宅」とも呼んでいるが、そんなコンパクトな路地空間のところどころにそれぞれの家の専用庭が割りこんでいる。隣接する居室とほぼ同じ広さだから使いでがある。

おもしろいのは、この庭は屋外の部屋ですよといわんばかりに空間のボリュームを木のフレームで示しているところだ。路地に面した一面は透けた板塀で囲っているが、もう一面は木の線材を渡しているだけ、しかもベンチを庭の外、路地側にとりつけてあるからご近所に庭の眺めをまるごとサービスしているような印象だ。

一見、無造作にみえて、さまざまな生活場面がとてもよく考えられている。家の内と外との接点を緩く、しかし見た記憶に強く作用するように設定してあるから、この先は住まい手の判断や工夫で変えて

前ページ・環境共生住宅ハーモニー団地
（2点とも）。上・外観。下・住棟間の路地

いくこともできる。板塀を外してもいいし、自分好みのスクリーンで飾ってもいい。いずれにしてもご近所との関係でできていく専用庭は路地にも屋上にも分散して全住戸に備わっている。

中島ガーデンがその構成要素を小振りにして自然をうまく引きこみ、住民同士のあいだに親しい距離をつくりあげた考え方に注目した鹿児島県が、ふたつの公営住宅団地の基本設計と外構実施設計を松永に依頼してきた。これには環境共生住宅という大きな課題が背負わされている。いたずらに自然を住宅地として開発するのではなく、むしろ自然が人の住まいに戻ってくるような設計が求められた。松永は鹿児島大学建築科の教授であり、東京では近代建築研究所を主宰している。大学の松永研究室と東京の設計アトリエのふたつのチームの協同によって、たんなる請負の設計ではなく日本におけるパブリックハウジングの基本形を探りつつ提案した結果が現実の建築になった（環境共生住宅ラメール中名団地、環境共生住宅ハーモニー団地、ともに二〇〇六年）。

このふたつの団地においても、やはり路地と専用庭が主役である。規模がより大きく、山林や海に近い立地なので全体は開放的で明るいトーンに包まれ、路地と専用庭はさらに入り組んだ複雑な構成になっているので、ぼんやり歩いていると住戸と庭のつながりがわからなくなってしまう。入り組んで複雑ということはふつうの密実な住宅地に迷いこむ楽しさに近いということである。

専用庭は花や緑で彩るだけではなく、洗濯物や布団を干し、乳母車や自転車を入れ、プロパンガスのボンベや作業道具を置き、晴れた日はつくりつけのベンチで休み、雨の日だって子供たちはそこで遊んでいる。道を歩きながらそのようなものに出会うと楽になる。「厚味のある店」である。これを住宅用語に直せば、住まいと道とを結びつける「境界の部屋」。

演劇性のデザイン

木賃宿という言葉は手元のいちばん小さな辞典にも載っているが、木賃アパートとなると広辞苑にもない。でも同じ岩波書店から出ている建築学用語辞典にはちゃんとあるから専門用語か。仲間うちではモクチン。キチンヤドとは違う木造賃貸アパートのことで、東京なら新宿、原宿、渋谷、郊外の下北沢などにも数多くみられた。木造だがモルタルやタイルで構造体を覆い、とくに正面を洋館風に仕上げたりしている。昭和初期のものが多い。同潤会アパートメント（これらは鉄筋コンクリート造だが）が出現したときの庶民の驚きの顔が建物になっているともいえる。木造建築だがコンクリート造に仮装されている。これが木賃アパートの真骨頂であり、まじめにコンクリート造にしたのもなかにはあるが、その欧米憧れ精神においては同じモクチン様式に属するといっていい。

たとえば渋谷駅近くにあった日本会館はコンクリート造だが意匠はモクチン的だ。正面の堂々としたファサードは大げさだが、これがなかったら同じ住戸が並ぶ左右の翼棟は貧相になってしまう。また仮にこれが一戸建て住宅だとしたらどうしようもない成金御殿である。モダニズムの時代においては使い

次ページ上・アトリウム中庭。
下・ラビリンス中庭側外観

渋谷桜丘町の日本会館（現存せず）

ものにならなくなった建築意匠が集合住宅には有効に働くという原理がどうやら生きていて、現代にもおよんでいる。ヨーロッパ各地における二十世紀集合住宅を見るだけでもよくわかる。どれもが過激といえるほどの形態や色彩を展開している。なぜなのか。思うに、集合住宅の宿命として基本的に均一の住戸の連続で構成されているわけだが、その光景はどうしても貧しく見える。一戸一戸の間取りを変え、壁やドアに変化をつけたとしても住戸の集合体という点では同じで、それは住まいという宇宙をひとつの建築に凝縮させ完結させた一戸建て住宅に比べると弱い。

街並みの統一を考えれば集合住宅がより優れた単位であると言うことはできる。では真に魅力的な街並みとは何か。その問いに答えるのはむずかしい。戦後初期に日本で建てられた公共的集合住宅は住戸の単調な反復をもっとも批判されたのだった。実際には設計上さまざまな配置がなされていたのだが、住戸の集合体という大きな枠に入れられ、個性の乏しい建築としてみられることが多かったのである。

ここで先にふれた渋谷の日本会館正面の列柱をあしらった意匠や、これまでに紹介した海外の集合住宅の途方もないデザインを考えてみると、それは建築内容を直接表現したというより、そこに多くの人が暮らしている心躍る雰囲気の表出だったのではないかと思う。演劇性の意匠である。

早川邦彦は集合住宅設計における名手として知られる建築家だが、彼が一九八〇—九〇年代に集中的に手がけたものに、とくに演劇性の魅力が発揮されている。「アトリウム」と名づけられた集合住宅（一九八五年）は、ふつうなら敷地の中央に建物を配置するのとは逆に敷地周辺部に住棟を押し広げるように配して、空いた中央部分を中庭としている。中庭に面した各住棟の壁や階段はさまざまな色彩で塗り分けられ、床の一部はチェス盤のようなパターンがアクセントとなり、そのわきに小さなプールや彫刻まで添えられている。門を入った住人や訪問客はまずこの演劇舞台のような中庭を通り、それぞれの住戸に向かう。住戸内はモノトーンに近い落ち着いたつくりだが、窓の向こうには中庭の華やかな形態や色彩が垣間見える。賃貸住戸十一戸とオーナー住戸からなる鉄筋コンクリート造二階建てという規模も、こうした演出によく合っている。

もうひとつ、早川の手がけた「ラビリンス」（一九八九年）と呼ばれる集合住宅も同様に、長方形の敷地の両側に建物が寄せられ、中央部分は通り抜けできる中庭として開放されている。こちらは前者の倍の二十二戸、一部五階建てだがエレベータなしのために住棟全体を岩場のようにいわば地形化し、中庭も一、二階の二層構成としている。この二階まで上がれば最上五階まであと一息だし、まさにラビリン

156-157ページ・ネクサスワールド（3点とも）
右ページ・スティーヴン・ホール棟。南側外観。
左ページ上・レム・コールハース棟。南側外観。
下・マーク・マック棟。東側外観

NEXUS

ス状につけられた外階段が格好いい。住棟外壁も土色砂色みたいな、やや男っぽい色彩計画でまとめられている。これも演劇的といっていいだろう。早川は住戸自体にもまして、その内と外の中間部が日々の生活のなかで重要だと考えたのである。

福岡市、博多湾沿いの香椎浜に出現した「ネクサスワールド」も大胆なデザインが横溢する集合住宅群である。建築家・磯崎新のプロデュースでアメリカ、フランス、スペイン、オランダ、日本の建築家たちが全十一棟を競うように設計して、集合住宅万国博みたいな一画ができあがった。一九九一年完成。

日本で長く暮らしていたという体験をもつわけでもない外国人建築家たちは当然、日本の住宅とは、日本人の住まい観とは何かを手探りしながら設計し、同時に自分独自の建築も期待されていることを意識したにちがいない。また、ただひとり日本人建築家として参加した石山修武も、国際設計環境のなかであらためて日本の住宅の原点を考えなおす気持ちがあっただろう。

結果としてじつに個性的な日本解釈があちこちにみられた。入口部分が温泉旅館の玄関みたいに式台と白い玉石の庭でしつらえてあったり、窓や扉がとても細かく分節されていたり、なるほど日本の住宅は海外からはこのように見えるのかと。それはプッチーニのオペラ「蝶々夫人」の衣裳や舞台美術が日本人にとってさえも異国情緒をもたらすのと同じように。

外観のデザインが途方もない。黒い擬石積みの壁が宙に浮き、屋根は波のようにうねっている。壁面全体をショッキングレッドで塗装した棟もある。どれもがみずからの存在をアピールしている。同時に、ここでも非日常の演劇性が住まいに接続される。虚構性の現実感ともいえる。「わが家の見せ方」から一瞬解放された形と色が、共同と個の境を埋める。集合住宅こそが呼びこめる意匠である。

「展覧会」と呼ばれた団地

住宅展示場といえばハウスメーカー各社おすすめの住宅見本が軒を連ねた仮の街で、外から眺めるばかりでなく靴を脱いで上がって居間のソファに座るなり台所の戸棚を開けるなりしてもかまわない。家のスタイルも室内の使い勝手も、あくまで客に見てもらい買ってもらうためのショーケース内住宅なのだから。いわゆるアトリエ派の建築家たちは展示場をもたない。企業のメーカーのように実物大の見本をつくるなんて、まずありえない。これまでに実現した一軒一軒が人に見せられる自分の仕事であり、その情報をシステム化して客にアピールする団体や協会の動きもあるが、突きつめればそうした過去の実績さえもむしろ否定した白紙状態が、こうした建築家たちの本来的な住宅展示場といえるのだろう。

けれども建築家たちの住宅展示会がかつて企画され実現されたことがあった。一九二七年、シュトゥットガルトの近郊に出現したヴァイセンホーフ・ジードルンク。「住宅」のテーマによる展覧会である。展示会ではなく展覧会。つまり生活と文化の改革を啓蒙する目的によっている。戸建て住宅、二戸建て住宅のほかに低中層の連棟住宅、集合住宅まで建てられた。あわせて二十二棟。しかも建築家は、ドイ

ヴァイセンホーフ・ジードルンク、ミース棟

ツ、フランス、オランダ、ベルギー、オーストリアの五ヵ国から十六人が参加している。それだけ多様かというとむしろ逆で、基本的には白いフラットルーフの箱形、壁に切り抜かれただけの窓、とくに横長の窓。そうした共通のデザインで統一されていた。つまり、この展覧会は国をこえた新しい建築思想とそのあらわれを提唱するイベントだったのだ。なんといっても全体計画はミース・ファン・デル・ローエ。参加したのはグロピウス、タウト兄弟、ル・コルビュジエ、アウト、シュタム、ベーレンスなど錚々たる名が連なっている。個々にさえもこうした建築をまだ見ることなどなかった時代に突然集合体として出現したのである。家が家たる装飾や形を剝ぎとられた白い箱。しかもそれは、家とは隔絶しているはずの連棟住宅、集合住宅と重なる光景になっている。この展覧会を報じた当時の写真に、驚愕というか理解不能をみごとに伝える一枚がある。敷地の端からこの住宅地を見渡している写真で、そこに映っている建築群はそのままだが、まわりの道に白いターバン姿の男たちや駱駝の写真がコラージュされているのだ。この住宅群から連想できるのはシュトゥットガルトからずっと南下した海に近いあのへんの街しかない、というわけだ。

しかしその後の建築に、まさにインターナショナルな規模で計り知れない影響を与えた。現在、この住宅地は文化遺産として大切に守られており、住んでいるのは公務員という保全の仕方である。来訪者

次ページ上・同ペーター・ベーレンス棟（左）とマルト・シュタム棟。
下・同ハンス・シャロウン棟（戸建て住宅）

Hölzelweg

ヴァイセンホーフ・ジードルンク全景（竣工時）。手前ピロティの2棟はル・コルビュジエ設計

向けインフォメーションの部屋には全体の模型があり、関連資料もちゃんとそろえてある。木々も草も成熟して、ゆったりとした住宅地の趣になっている。ミースの手がけた集合住宅の、とくにプロポーションの美しさがこの自然のなかで視力が高まったかのようにくっきりと見えてくる。ハンス・シャロウンのあえて曲面を一部に組みこんだ戸建て住宅も、全体のなかでほどよいアクセントになっている。

これに次いで一九三〇年代初頭、ベルリンで計画されたジーメンスシュタット・ジードルンクにもグロピウスやシャロウンが参加している。こちらは集合住宅だけを抽象絵画のように美しく配置した団地で、バルコニーやサンルームを大きく張り出したフーゴー・ヘーリング、やわらかく折れ曲がる長い長い壁面を見せるオットー・バルトニングなどの設計になる住棟は、白い壁で統一するよりは各建築家の個性と体験的シークエンスの劇的効果を明らかに重んじている。このふたつの団地だけでも、各国各建築家の伝統的多様性と同時に新しい時代の国際的共通言語の統一性を、住宅と集合住宅というこれまで主役になることが少なかったビルディングタイプを通して強くアピールすることになる。この後はある程度の規模の団地では複数の建築家の参加がとくにドイツでは当然のようになっていく。建築展覧会、ドイツ語の Bauausstellung という名もそのままずっと使われて、一九八七年のベルリン国際建築展（IBA）ではさらに多くの国からの参加によって市内五地区の新しい都市・建築計画が現実のものとなる。関わったドイツの建築家は百人あまり、国外からの建築家も五十人以上。数日かけてその地区を歩いても見ることができたのはごく一部にすぎないという規模で、まるごと新しいアーキテクト市とも呼べそうな都市が出現した。アルド・ロッシ、ハンス・ホライン、ロブ・クリエ、オズワルト・ウンガース、ピーター・アイゼンマン、ヘルマン・ヘルツベルハーなど世界の最前線に立つ建築家たちが集合住宅という共通課題にとりくんだのだ。生活と建築とはどう結びつくのか、形や色彩や素材の果たす役目は何か、見ているだけでも次々と考えさせられる。日本から参加した磯崎新設計の六階建て、シンメトリーの正面ファサードは他にはない求心的な密度で、宮殿のような完結性が印象的だった。展覧会場のただなかにあった。

磯崎は日本で、やはり複数建築家が参加する仕組みの住宅団地プロジェクトをコミッショナーとして多く手がけてきている。熊本県の「くまもとアートポリス」での市営新地団地では長く連綿と続く敷地を五区画に分け、五人の建築家による住棟がバトンタッチ風につながる。同じ市営託麻団地では三人による住棟を混ぜご飯風というか、繰り返し混在させつつ広げる。あるいは福岡市の香椎浜に計画された「ネクサスワールド」では、国内外の建築家六人が日本の住まいを手探りするその距離のなかでの設計

ベルリン国際建築展ロブ・クリエ棟（ラウヒシュトラッセ・シュタットヴィラ）

がかえって新鮮で、レム・コールハースの棟は日本建築学会作品賞を獲得。また、女性建築家を国内外から招待した岐阜県営北方団地もある。ここでは妹島和世の問題作が出現した。

磯崎がコミッショナーを務める集合住宅団地には建築家たちが参加する仕組みのそれぞれ独自な発想があって、それは他の同じように複数による多様性と共通のルールによる統一性だけを行使しがちな団地事例とは一線を画している。とんでもない設計を誘発する構成になっている。磯崎はあくまで建築の思想を求めているのだ。

一九三二年、ニューヨーク近代美術館で国際建築展が開催され、「インターナショナル・スタイル」という言葉が定着普及していく。近代建築の思想はアメリカに渡ってから消費の対象としての「スタイル」になった。そんな見解を磯崎から教わって以来、住宅展示会の歴史がくっきりと見えてきたのである。

次ページ上・熊本市営新地団地A棟側からB棟を見る。
下・工事中の岐阜県営住宅ハイタウン北方南ブロック。
右手前に高橋晶子棟、左奥に妹島和世棟

「小ささ」の設計

霞が関ビルは一九六八年に完成した（設計は三井不動産、山下寿郎設計事務所）。日本の超高層ビル時代がここから始まる。構造解析方法が進歩し、建築物の高さ制限が撤廃されての実現である。地震国での耐震構造という意味では世界最初の超高層ともいえる。地下三階、地上三十六階。最上階には展望回廊も設けられている。当時の設計・建設技術が総動員されての成果だったのだが、外観は弁当箱を立てて置いたような直方体の素っ気なさ。超高層ならマンハッタンのスカイスクレイパーと同じ？と期待していた眼にはあまりにも武骨で、ただ巨大さだけが東京にいきなり出現した気分でもあった。

そんな具合で、竣工当時に訪れたきり、むしろ避けていたのだったが、その後三十数年経って二度目に再訪したときには驚いてしまった。何に驚いたかというと、エントランスホールが記憶していたよりずっと小さかった。二階の店舗ゾーンもささやかでむかしの役場か学校の購売部みたいに思えたくらい。いいかえればその後の四十年の間に次々と建てられた超高層やショッピングモールが時代を追ってさらに高く大きくなってきた、その空間体験が私自身をも変えていることにはじめて気がついたのである。

そして霞が関ビル内部の小ささやつつましさは思いがけなくかわいらしく、健全にみえた。それが新鮮だった。高さや巨大さへの止めても止まらぬ進軍ラッパはいまも続いている。そのなかでは同じ建物が変わってみえてくる。建築とは時代を記録する書物でもあるのだ。

霞が関はオフィスビルだが、集合住宅でも時代によってのスケールのあらわれがはっきりしている。パリのカステル・ベランジェ（エクトール・ギマール、一八九八年）が六階建て、三十六住戸の小振りな集合体であるのに対して、その八十年後にパリ郊外に出現したアブラクサス（リカルド・ボフィル、一九八三年）は十九階二棟と九階一棟の組み合わせの城塞然とした巨大さで、ゲートも内部道路も都市的スケールである。シカゴに建つレイクショアドライブ・アパートメント（ミース・ファン・デル・ローエ、一九五一年）は二十六階、二棟。現代建築史上の名作だが、玄関ロビーも廊下もごく控えめの大きさで、その十八年後にすぐ近くに出現したジョン・ハンコック・センターという百階のタワー状複合集合住宅（スキッドモア、オーウィングズ&メリル、一九六九年）の取りつく島もないような高さと歴史の対比を見せている。

こうした流れはすべて時代に沿っているわけではない。たとえば関東大震災後まもなく建設が始まった一連の同潤会アパートメントがある。安藤忠雄による表参道ヒルズ（二〇〇六年）の敷地にかつてあったのもそのひとつ、同潤会青山アパートメント（一九二七年）である。それらは震災復興住宅だったわけだが、年を追ってプロジェクトが進むにつれてついには東洋一を謳う江戸川アパートメント（一九三四年）に達する。中庭の豊かさ、階段室の大吹き抜けなどは戦後の公共集合住宅のスケールや質感をはるかに上まわり、この「戦前」の優位は七〇年代まで続く。

次ページ上右・シャトー・デ・ランティエ通りの高齢者用住宅。上左・オートフォルム通りの集合住宅（下も）

11

パリにまた戻る。ここに集めた写真と絡めての報告である。まずパリ十三区のオートフォルム街に建つ集合住宅（一九七九年）だが、一九七〇年代末の当時、フランスの若手建築家として高い評価を受けていたクリスチャン・ド・ポルザンパルクの設計。しかし写真で見るとあまり感心できない。白く細長い住棟がアスパラガスのようにひょろひょろと並んでそびえたち、あるところではアーチ形の空中梁でつないでいたりで、どこかとりとめない。けれども完成後十年ぐらいして現地を訪ね、この一画に入りこんだ瞬間、これまでのどの集合住宅にもなかった体感に包まれた。都市という場所の、そのはじめに自分が立ったときを思い出すような。

この一画は、まわりから大きなビルを無造作に建ててきた結果残された不整形の敷地であり、しかもそのまんなかを道路が分断しているから、ひとつにまとまった建物などできようがない。で全体を七つの住棟に切り分け、断片化した建物の隙間を小広場や路地に見立てた。これら切れ切れの広場や路地と、群島状に分かれた高層住宅との関係がじつにいい。この場所に直接面した入口ポーチやドアがとてもかわいらしい。見上げればたしかに高層集合住宅だけれど、入口まわりが街なかの戸建て住宅風というだけでどれほど親しみのある環境になっているか。思いもかけない「小ささ」の発見だった。

ポルザンパルクは同じ十三区シャトー・デ・ランティエ通りの、これも両隣が大きなビルの合間に高齢者向きの集合住宅（一九八四年）を手がけている。中途半端な空きを埋めて街並みに連続性をもたらすことが当初の目的であったというから「かすがい建築」だ。正面のふっくらした背向曲面は、ここに人が住んでいることを告げている。大樹にとまる蝉のようでもあり、やはり小ささのデザインだ。

パリ郊外の新都市エヴリにあるアラン・サルファティ設計の社会福祉住宅（グリシーヌ・ヴィラ、一九

前ページ上・グリシーヌ・ヴィラ。
下・モルパの社会福祉住宅

八一年）にも独自の工夫がみられる。中央の直線通路に向かいあう二列の住棟群約百戸というシンプルな構成だが、その眺めは複雑な抑揚に富んでいる。道路に階段室が突き出て、バルコニーや部屋の壁面も入り組んでいるし、また煉瓦やブロックや漆喰仕上げの素材の切りかえも細かい。さらには現代の住居とむかしの住居の表情が混在している。時代の混在である。何よりもスケールを攪拌するような操作が決定的だ。通路に描かれた幾何学的パターンは、地表近くに置かれた球形の外灯とあいまって住宅地の「現寸」への慣れを揺るがせる。

サン・カンタン・アン・イヴリーヌにあるアンリ・ゴダン設計のモルパの社会福祉住宅（一九八一年）。開口部より壁の連続曲面、そのあいだを抜ける路地とささやかな植樹がむかしの住宅地を歩いているような、小さな場所を思い出させる。

こうした事例が何を物語っているかというと、都市と建築とを結ぶ親和力の探求である。少しでも時代を経ると建築は古くなる。よくいえば懐かしくなる。それはその時代に合ったスケール感にあると思うのだが、建築企画の側からすればスケールの劣化としてとらえるだろう。だから次々と建て替えが考えられる。更新された大きさとは、寸法だけではなく明るさや軽快さを加えた空間のことであり、それは歴史上のどれほど巨大な建築もかなわない。

時代が自然に醸す懐かしさに頼らずに親しい場所を積極的に創出する試みを、ある時代のある街のいくつかの事例に限ってみたのだが、戸建て住宅ならまだしも集合住宅において、小規模というのとはまったく違う「小ささ」の設計とは意外にむずかしく、それだけにおもしろい。現代日本のなかにも小さいことの強さを意図した設計がみられるようになってきた。

「巨大」の妙味

パリ郊外にグランド・ボルヌと呼ばれる住宅団地(一九七一年)がある。広く平坦な芝生のオープンスペースに四、五階建ての住棟が伸び伸びと広がっている。直角板状の並置ではなく曲面が連続しているので、伸びやかさがいっそう印象づけられる。空から見ると、これらの住棟が敷地全体を蛇行し、あるいは渦巻いて唐草模様の絨毯のようである。しかも、それぞれの外壁は何色かの色タイルで仕上げられているのだが、階ごとに明度が高くなっていくカラーデザインが基調。まるで色見本帳みたいだ。

それだけではない。こうした住棟のあいだ、あるいは団地内の幼稚園、学校、商業施設のいたるところに突然とんでもなく大きな果物や鳥や動物のオブジェが出現する。日本の住宅団地でよく見かける象やキリンや船が滑り台と合体したりしている遊具とは違う。アーティストやデザイナーが手がけた屋外彫刻などとも微妙に異なる。ごくシンプルに写実的な果物や動物オブジェなのだ。幼稚園の門のわきにいる羊などはややかわいらしくやや小振りで、子供たちがよじ登れるようにつくってあるが、果物などは見た目よりはるかに大きく、表面はタイルでツルツルだから登攀はけっこう大変だ。これらのオブジ

次ページ・グランド・ボルヌ(2点とも)。
オープンスペースのオブジェと
住棟壁のモザイク壁画

ェは団地内にふつうとは別次元のスケールを誘いこみながら拒絶することを意図しているのか。

あちこちのモザイクタイル壁画を見てもよくわかる。たとえば少年の顔写真を二階分の高さにストレートに拡大しただけなのが、かえって新鮮。少年はアルチュール・ランボー。一八七一年十月、十七歳のときに撮影された有名なポートレートである。フランス文学史上もっとも高名な詩人だからではなく、単語をぶつけるように並べただけで世界を変えた詩法をここの空間にも反映させようとしたのか。

超スケールの人工物は私たちに身近なところにだっていくらでもある。鎌倉の大仏や大船観音があるし、高さや長さも仲間に入れれば現代の最先端技術を総動員したタワーやブリッジが日々スケールの記録を書きかえて世の耳目を集めている。そもそも人工物が「建築」として意識されはじめたときから、墓にしろ海峡を跨いで立つ彫刻にしろ、すでに巨大性がめざされていた。建築とは本来、人間をこえるものだった。

それに引きかえ集合住宅が「建築」になったのは、せいぜい百数十年前からである。それは人間の尺度に合う、すなわち城や宮殿ではない住居という細胞の集合体を「建築」にする、つまりはデモクラティックな建築を求めての試行錯誤の歴史であったといえる。そこではスケールの介入が微妙になる。個と全体とがそれぞれに主張しあう。一日の、季節ごとの、また長い歳月にわたる私・公的な生活がそこに重なる。自己完結すること、一瞬でも開放されることがない。だからこそ集合住宅はとびきり現代的であり、いまでも進行形のままの建築なのだ。

グランド・ボルヌ団地は一九七〇年代に完成したパブリックハウジングである。その制約のなかで住棟の形態と色彩に少し工夫をこらし、そのなかにスケールを少しずらしたオブジェや壁画を点在させた。

情緒的な作為をできるだけ払拭したカラッとした雰囲気で、だから逆に何かふしぎな出来事が起こりつつあるような謎めいた、でも甘味をおさえた効果をあげている。設計はエミール・アイヨー。

リカルド・ボフィルと彼の主宰する建築設計グループ（タリエール・デ・アルキテクトゥラ）も集合住宅を数多く手がけている。彼はスペイン人でバルセロナを本拠としているが、フランスでの設計も少なくないし、東京にも基本設計をしたビルがいくつかある（青山パラシオタワー、一九九九年、東京銀座資生堂ビル、二〇〇〇年ほか）。前にパリ郊外の「アブラクサス」と名づけられた集合住宅（一九八三年）を紹介した。要するにギリシャ、ローマ神殿を思いきりスケールアップして高さ十階の集合住宅に飜案し、列柱はすべてガラス張りに変えて各階住戸のサンルームに、ドーリア様式の柱頭ときたら最上階住戸のバルコニーになっているという具合。

彼らがフランス南部の街モンペリエに計画した新しい都市センター「アンチゴネー」（一九七九―九七年）は二〇ヘクタールもの広大な土地を占める、それ自体がさまざまな公共施設を擁した街になっている。敷地長手方向の端から端まで一直線の都市軸が貫き、この軸を中心として大小の広場、庭園、並木道、そして弧を描いたり星型だったりの各種の建築群がすべてシンメトリカルに構成される。いってみればヴァチカンの広場と列柱、ヴェネチアのサンマルコ広場と回廊、ベルリンのブランデンブルク門と並木道、バースのロイヤルクレッセント、ウィーンのシェーンブルン宮殿と庭園を長い長い直線の道で串刺しにしたようなバロック志向都市である。もちろん、全体は厳密な幾何学的グリッドを下敷きにしてボフィル独自のデザイン感覚で統一されている。居住地区もこのなかに組みこまれており、公共助成の集合住宅と民間の住宅が半々の割合だが、その差別をつけていない。

176-177ページ・アンチゴネー（3点とも）。
右ページ上・テッサリア広場の門を兼ねる庁舎。
下・アンリ・フルネ通りの商業施設・オフィス棟。
左ページ・ノンブルドール広場を囲むレジデンス

GALERIES LAFAYETTE
Sports Club

Jupiler

差別をつけていない、というのはアンチゴネーの大きな特性である。建築も広場もダイナミックに姿形を変えてそれぞれの街区を特徴づけているが、たとえば外壁の素材や色はほとんど同一に仕上げている。だから逆に、大きくは左右対称にみせている建築の輪郭のなかで、細かくは窓やアーチの形を即興演奏風に自由に変えていることなどもはっきり識別できる。だからこれほど大々的に中心軸やシンメトリーを誇示しているのに、建築が堅苦しくない。歩いていてリラックスできる。しかもめざすその奥に、さらに世界の果てまで並ぶぞと言っているような建築まで透かし見える高揚感が加わる。

強い中心軸をもつ構成や等質の仕上げ（むかしのヨーロッパなら何もかも石造、アンチゴネーでは外壁の主要部分はたぶんプレキャストコンクリート）からは、ある巨大性が浮上してくる。当然である。だからといって非人間的ではない。たしかに柱一本を見てもとんでもなく大きい。でもそれに寄りかかるように張られた小さなテントの表情などは童話の一情景みたいだ。ボフィルの建築はどれも壮大だが鈍重ではない。虚実の合間を縫う独特の軽みとユーモアがある。この建築家の腕の冴えとでもいうしかない。

住棟は住戸という単位を反復累積するかぎりその表現を大きく変えることができないとして、共有施設などは別系統の造形によってアクセント効果をねらい、住民にも親しんでもらう。住宅団地はそういう工夫によるものが多く、高層ビルディング形式の集合住宅でも基本的な考え方は同じといっていい。だが長い歳月をそこに住むためには、場所の記憶とそこからたえず更新されるべき生活とはもっと複雑な関係になるのではないか。アイヨーやボフィルの特異な発想はひとつのヒントである。

低層接地型のシステム

東京は二十三区内だけでも山、台、丘の地名がめだつ。地形上の高さというより高級住宅地としての格の高さで知られる。池田山、御殿山や白金台、麻布台、さらには自由が丘や松が丘。南を向いていれば日当たり良好、風が通り水はけもよし。古くから住みやすさが知られていた。自然の気配を残す傾斜面にモダン住宅が点在する景観は郊外の理想として夢見られていたにちがいなく、たとえば松本竣介が一九三〇年代にまさにその幻景を何点もの油彩に描いている。その場所は東京とは限らない。「郊外」というタイトルの作品は明らかに写実というより心象の構成だが、それだけ誰にもアピールする。

渋谷から南西方向に延びる東急田園都市線の沿線各駅をつなぐ一帯の街づくりを都市計画、建築、構造そのほか各領域の専門家が知恵を出しあってまとめたのが「多摩田園都市構想」（一九六五年）で、まだ家も街もなく、どこまでも丘陵が続くなかにいくつかの生活環境拠点をセットする。とくに建築によってそれを強くアピールするという構想である。そのシンボルである百階以上の超高層住宅計画案は、六四年東京オリンピックを機に超高層建築への道が開いたこの時代を反映している。

2-27

同時に、一方で現実の地形にフィットした低層接地型の集合住宅の設計も試みられ、いくつかが実現した。内井昭蔵建築設計事務所による「桜台ビレジ」（一九六九年）「桜台コートビレジ」（一九七〇年）「宮崎台ビレジ」（一九七一年）である。やはり「台」がついているが、建設現場は格が高いというよりはどうしようもないやっかいな立地で、道路に並行して長く延びているわりには奥行きの浅い西斜面である。昇りきったところに建物を建てたり、あとは崖地として残すしかないような斜面。まずそこに集合住宅を建てた。だから誰も文句のつけようのない実験場である。

傾斜面に建てるときは、戸建て住宅あるいは集合住宅でもいくつかのブロックに小分けして分散配置すればきれいに落ち着く。松本竣介が絵にしたのはそういう姿である。だが、それでは事業が成り立たない。低層接地型なら高密度をクリアしなければならない。分散ではなく連結配置になる。結果としてこの厳しい条件が日本の集合住宅史上あまり例のない作品をつくりあげた。傾斜面のコンターラインに沿って幾筋かの道を通し、そこに連続住居をクラスター状にとりつける。道をはさんだ家々のあいだに、道から見上げる、見下ろすという高低差ができる。地形の恩恵によって均一の住戸が連結するだけの表情が一変する。道は表通りとも路地とも違う。自然のなかを歩く。家々が間近に迫ってくる。すでに内側の道になっている。そのなかに自分の住まいがある。集合住宅においては一住戸は都市のなかに露出し孤立しているのではない。その本来のあり方を外さずに設計すれば、いままでなかった住環境が実現できる。それがいかに大変かは、その後この集合住宅を受けつぐ事例がほとんどないことでもわかる。

槇文彦の作品のなかでとくによく知られている代官山ヒルサイドテラスも「山」に建ち、しかもその第一期のA、B棟は桜台ビレジと同年に竣工している。ただ傾斜地というよりは尾根道をはさんでその

180ページ・桜台ビレジ（2点とも）。住棟間の通路。
上・北側から見る。通路右手アクセスブリッジの先は第2ブロック。
左手に第3ブロック。下・南側から見る。右手に公園と第4ブロック。
前ページ・桜台コートビレジ。南側から1・2ブロック間の通路を見る

両側に広がって、住戸の存在をあまり感じさせない街である。四車線もの広い道路と、それに面する建物の低層規制を両立させている地域は、東京では他にないという。

阪神間の六甲山には安藤忠雄の手がけた一連の「六甲の集合住宅」がある。第一期十八戸（一九八三年）は、傾斜地というより断崖に近い背後の地盤に根を張っているような構成になっている。真正面から距離をおいて眺める全体は、手前は五階、奥にまた五階の棟が段状に重なるようにそびえているが、実際は地下一階、地上二階（！）である。住居は基本的にはメゾネット。それも一様ではなく、室内外の階段や広いテラス（というより屋外の部屋）を複雑に組み合わせてそれぞれ個性的な間取りになっている。各住戸へ直接アクセスする通路、階段、ホールは、打ち放しコンクリートのこれまで体験したことのないスケールの山懐に分け入ったところにある。そのぶん住戸内は思いきり空に開かれている。平地ではつくりだせない自然の深さを、この集合住宅はとりこんでいる。

それから四年後、その隣接斜面にて「六甲の集合住宅II」の設計が開始される（竣工は一九九三年）。こちらは八十戸、第I期に比べるとゆるやかな傾斜面で地上十四階。中央大階段が脚元から頂部まで一直線に貫き、児童公園、扇形テラス、半屋内のプラザ、プールなど公共的な場所や施設を加えて全体はぐんと大規模になった。ところがこの設計が仕上がるのは四年後、建物が実現するまでさらに四年。というのも、この第II期計画は安藤が自主的に計画した理想の集合住宅で、敷地も自主的に（つまりその所有者の諒解を待たずに勝手に！）想定したもので、しかもこの計画案を手に相手を説得してほんとうにつくってしまったという。安藤ならではの行動であり、またそれを受け入れる度量は東京ではお目にかかれないだろう。信じがたいことにその後さらに先の隣接地に第三、第四の六甲の集合住宅群が、規

六甲の集合住宅Ⅰ（前ページも）

模を爆発的に拡大しつつ丘上都市のような光景を実現して現在にいたっているのだ（第Ⅲ期一九九九年、第Ⅳ期二〇〇九年）。

あらためてここに紹介した三人の建築家による地形を重視した仕事を見ると、どれもが隣接地、あるいは離れていても歩いてすぐの近距離の立地に最初からの全体計画によってというより、時間を追ってわかってきたこと（たとえば人の動き、テナントの要求、外壁などの保全）を建築家自身も学ぶプロセスのなかで、ふつうの街が徐々に生成するのと同じ持続と変化を見せてきた。平地ではなく、建築に抵抗するほどの地形においてこそ集合住宅は思わぬ力、建築の血肉となる古くからの力にめざめるのかもしれない。

もちろん、これらの事例は例外的である。美しい山や丘がベタ一面の人工造成物によって覆われてしまっている景色のほうがずっと多い。それはもとに戻ることのない景色である。

単位の連結と分離

旅の終わりに帰国予定をちょっと先送りして急遽イスラエルに寄ることになった。近現代の名作といわれる集合住宅の現状を見るのを目的に、ヨーロッパのあちこちをまわっていた。住んでいる人たちへのインタビューもあったので一ヵ月以上かかった。四半世紀も前のことである。取材班から離れて一足先にひとりでパリからテルアビブのペングリオン空港に向かった。かつて日本赤軍が銃を乱射し犠牲者が出た場所である。日本人として緊張せざるをえない。だから空港のゲートに揚げられたWELCOMEの大文字を見たときは、それが私ひとりのために書かれたかのように嬉しかった。世界の空港のどこにでもある挨拶看板はちゃんと役目を果たしている。

真夜中に近い時間で、ゲートを最後に出て暗がりのなかでタクシーの手配者を探し、やってきた車は運転手の横に若い女性がいるのでまた緊張した。仕事ついでのデートなのかわからないうちに無事ホテルに到着。部屋に入ると、ワインと果物にまた歓迎のメッセージカード。カーテンを開けてみると、どうやら海の際《きわ》らしい。ホテル予約はひとまかせだったので、わかったのは夜空の星だけ。

翌朝、夜の海が朝の光の下で変貌し、見渡すかぎり遠くの沖まで輝いていた美しさは忘れられない。眼下に広がる海浜公園の一画という立地からしても、旅のなかでは最高級のホテルだったのだ。公園の背後にはテルアビブ特有の市街地が迫っている。朝食後すぐそこいらじゅうを歩きまわった。ほぼ同じ間口、同じ四、五階建てのビルが隙間をあけて建つように計画されているから、その隙間が路地空間となって気持ちがいい。建物は近代的だが建具や看板や屋上などの装いは土着風というか、人が住み、商いをしている。緑の豊かさも他国の都市にひけをとらないが、根元には細い配水パイプが網の目状にからんでいる。住める土地の理想をめざして闘っている国の姿が、少しずつ見えてきた。

一日遅れで到着の取材班と合流した翌日、ツヴィ・ヘッカーに会う。一九三一年生まれの建築家。六〇年代に設計した集合住宅に自分も長年住みつづけている。まずそこを表敬訪問した。世界的にもその独創的なデザインで名を馳せたドゥビナー・ハウス（一九六三年）は、細長い六角形（菱形の長手方向の両端部をカットしたともいえる）を基本とした平面で、これをレゴのように上下左右に連結している。この六角形の一単位または複数が大小の部屋やテラスとなり一住戸を形成する。そんな住戸が組み合わさって、丘の傾斜面に根ざしながら上階は庇のように張り出した全体の外観となる。六角形平面の個々の単位はそれとわかるが、どこからどこまでが一住戸なのか判断できないほど全体が地形そのもののように連続している。土色に仕上げられたコンクリートの肌合いもあいまって、この地域の伝統的な小住宅の集合を思わせる一方、れっきとした前衛建築といってもおかしくない。

各階は二―三戸に分かれているが、それぞれの住戸へのアプローチ、玄関、テラスは独立しているから、自分の住まいの前をよその住人が通ったりすることもない。外観の印象と違って戸建て住宅の組み

次ページ・ドゥビナー・ハウス。
189ページ上・スパイラル。
下・ラモト・ハウジング

合わせに近い、奥行きを感じさせる設計である。室内では六角形の壁面にあわせてキッチンカウンターがくの字に折れ、テーブルも六角形。おもしろい。建築から家具、什器まで統一されている。

道路を隔てた真向かいに、やはりヘッカーの設計で完成したばかり、住人も生活を始めてまもない「スパイラル」と名づけられた集合住宅（一九八九年）がある。外観は一見まるで違う。コンクリートの大きな曲壁をスタッコで白く塗りつぶし、地元の砕石で縁取りしている。これも地域の建築を反映した表情だが、それだけでは終わらない。間口部からコルゲート鋼板が稲妻のように走り出ている。その鋭い表情は鋼板がふたつの縦長の窓を貫くと同時に、上下階の鋼板に受け継がれ、土と石をあらわす曲面と金属の直線との対比が強調されて、全体に螺旋（スパイラル）の運動を感ぜずにはおれないように仕向けているのだ。鋼板は窓に面したバルコニーの手摺である。窓と手摺を個々に設計していたら、この速度と連続感は失われる。これ、日本のゲイシャの髪型と簪を描いた浮世絵にインスパイアされたという。信じられないが言われてみるとそのとおり。

各階一住戸。同じ半月形平面の住戸を少しずつずらしながら重ねているために竜巻のような上昇感が生じている。つまり見た目にはドゥビナー・ハウスと対照的だが、同一の単位の反復という設計原理は変わらない。幾何学構成に徹することがヘッカーの建築の強靭さになっている。そのうえで造形的チャレンジは羽目をはずさんばかりだ。彼の説明によれば、考え方の骨格としてはモダニズムの建築だが「感覚的にはバロック、装飾的にはイスラム建築」への共感があり、その平屋根やテラスや庭園はイスラムや中東建築に「ルーツをたどれる」と。そして「自然形態、とくに生体器官の有機的な形態に魅かれている」ことが彼の設計理念の根幹にあるようだった。

見る人によって好き嫌いがはっきり分かれるのは当然だろう。住人のひとりは「この建物に恋をしてしまった。はたからどう言われようと恋は盲目」と笑う。なかに入ると螺旋の中心部は立木のある静かなコートになっており、バルコニーは広く、風通しもよいうえに眺望がなによりすばらしい。

建築家の車でテルアビブからエルサレムに向かった。郊外が巨大な住宅団地で囲われている一画にラモト地区があり、そこにイスラエル住宅省から依頼を受けてヘッカーが設計した団地がある（ラモト・ハウジング、一九七五年）。前々からぜひ訪ねたいと思っていた。というのも写真を見ても現実に建っているのが信じられないような建築なのである。

やはり同一の小さな幾何学的エレメントを連結して大きな建築にまとめあげる手法は変わらないが、その全体が有機的な運動を感じさせるというより、ある枠のなかにきちんと収まっている。その点では日本の公共的な中層集合住宅に近い。そのために逆に個々の単位が分離してみえる。しかもそれは五角形をベースにした多面体なのだ。単位とかエレメントとかいうより、細胞の集まりのようだ。これらが内側でどのようにつながって部屋になり、一住戸になっているのか、また居住性はどうなのか。なかに入れてもらって確かめる時間が残念ながらなかった。

でもここに立つと、ふつうの団地と同じように近所の奥さん同士が立ち話しているし、ベランダには洗濯物が見える日常がある。建築が始まる源流はどこにあるのか。あらためて地球の広がりを思ったのだった。

「住むこと」への批評

荒川修作とマドリン・ギンズが最後につくりはじめた「建築」はとてもおもしろい。奈義町現代美術館（磯崎新、一九九四年）における荒川チームの恒久展示「遍在の場・奈義の龍安寺・建築する身体」はあの枯山水の庭をまるごと筒状に巻いたような立体作品で、床に据えられたシーソーに乗りながら見ると筒形の庭のなかに入っていく気分になる。

その翌年に完成した「養老天命反転地」（一九九五年）は巨大な擂り鉢状の庭で、地面と土木工作物と住宅とを砕いて混ぜあわせ、入場者の身体も一緒に攪拌されてしまう（そのために入口に用意されているヘルメットの装着をすすめられる）。擂り鉢のなかは中央部ほど堆積物の層が厚く、鉢の周壁がこの一大天地を縁取るように立ちあがっている。粉砕され切り刻まれた建築や地形の色彩は強烈だ。そのなかに分け入っていく入場者自身も、頭を守り足拵えを固めての全身参加を通して荒川＋ギンズの本気を受けとめることになる。

眼も身体全部も総動員しての芸術的建築的体験である。その対象はある種無邪気でさえある。だがそ

次ページ・三鷹天命反転住宅

こにつくり手の意図を読みとろうとすると、すべてが謎になる。明るい色彩や形よりもっと豊かな暗黒へと誘われる気配があり、そもそも展示作品とか庭園の作品といえるのか、その輪郭まで不確かになってくる。

「三鷹天命反転住宅」（二〇〇五年）はそのなかで特別な位置にある。まちがいなく建築だ。しかも集合住宅である。一般の集合住宅と比べてみることができる。集合住宅とは何か——考える装置だ。

見るなり誰でもびっくりする。球形、円筒形、立方体などの部屋単位を積みあげ、それぞれの完結した幾何学形態を際立たせるように二十色以上（たぶん）の色で塗り分けられている。これもまた子供が描いたり工作したり、みたいなシンプルで直接的な形と色。重なった部屋は、いまにもバラバラと崩れてきそうな不安定な印象。だが、実際は上下左右に緊結した中空の構造体というユニークな構造設計に

三鷹天命反転住宅。上・キッチン（手前）とデコボコ仕上げの床。下・天井、壁、床が素材も色も一体的に仕上げられた球形の部屋

よっているし、数えきれないほどの色彩構成は見る目に人工の色を自然の色に近づける理論によっているらしい。しかし、あくまである不確かさを帯びた形や色が人に強く働きかけることが大切なのだろう。

住戸内に入ると球や円筒を内側から、やはり強烈な色彩やテクスチャーとともに体験することになる。私が訪ねた日は、小学生や若い女性たち男性たち、近所に住むお年寄りみたいな人たちまで大勢来ていて、住宅見学というよりは勝手に楽器を演奏したり踊ったりパフォーマンスしたり。天井、壁、床がひとつながりになっている球形の部屋などは恰好の舞台だが、キッチンの台の狭い隙間を匍匐前進する子供もいる。空間のなかにむしろ不自由さを探して楽しんでいるのだ。人は多いが、ホームパーティのにぎわいとは違う。

知覚や身体に厳密に干渉してくる場は、それが建築の形になっていてもやはりアーティストの仕事なんだという気持ちになる。一方、建築家による集合住宅は、どれほど劇的な演出をしても結局は住む場をつくろうとしている。三鷹の集合住宅は人間への関わりの回路が「住むこと」を遮断する結果になっている。それが新鮮な発見だった。いいかえれば一般の集合住宅においては「住むこと」は慣習や体験で保証されているかのように設計されている。荒川たちの純粋知覚と身体性を基本とする場は、その慣習や体験にたいする批評となっている。そして「住むこと」には個々人が許容されているのにたいして、荒川たちによる場は共同性へと向かう。しかしそれは、従来の集合住宅における共同生活という意味での共同性とは違う。共同生活を幻想として批評する結果となる。そこに開放感があった。それはアーティストとアーキテクトの仕事の違いだと簡単に分けられるものではない。

たとえば建築家・長谷川逸子の手がけるものにもつねに建築の境界をあいまいにしてゆく局面がある。

コナ・ヴィレッジ2号棟より3号棟を見る。セットバックした空中庭園

素材、形態、色彩の奔放な駆使は造形とか表現の説明ではおよばないエネルギーに満ちていて、その建築の正体に向き合う以前に圧倒されている。建築というマッスを分光器にかけて動きや空気、稲妻のような明るさ昏さに分解するような設計は、不整形な面や線ほど長谷川においてはかえって堅実なデザインとして見えてくる。

長谷川は集合住宅を数多く手がけているが、なかでも「コナ・ヴィレッジ」（一九九〇年）は代表作のひとつである。大規模な民間住宅で全二百五十九戸を九棟に分け、空中ブリッジで連結している。高圧線下の農地を次々に買い足した敷地は、全体がかろうじてつながる変則形で、斜線と日影の規制、周辺環境への配慮が大変だったという。そのために最初から全体のイメージをもたずに各規制のなかでの可能性を探して「部分の中に全体を解読可能な建築の形式を求めていくような作業」（「住宅特集」一九九〇年六月号）になった。

次ページ・同7号棟と9号棟を結び、
避難通路となるブリッジ・外階段

最上階の住戸はペントハウスふうの設計でそれぞれの浅い円弧屋根が高さをずらしながら波状に重なる。地上ではパティオやせせらぎが住戸を囲い、植栽をはじめガラス玉や貝殻を埋めこんだ手づくりの外構作業はじつに細かい。全二百五十九戸が戸建て住宅の集まりといってもいいほどの密度と自由と統一がある。

とくに忘れられないのは、階段わきだったかの囲いやそれを支える鉄のロッドが即興的ペインティングで仕上げられているところで、友人の画家か長谷川自身によるものらしいが、ほかに左官による仕事もあるなかでこの絵具の跡というか建築の一部をキャンヴァスとして勝手に借りたような「絵画」が、その場を思いがけず開放していた。

「三鷹天命反転住宅」と「コナ・ヴィレッジ」とはまるで違うけれど、建築を抜け出たところに見えている景色は似通っている。「コナ・ヴィレッジ」には誠実で精力的な仕事の画竜点睛として生の絵具の一滴があった。その効き目の強さに驚いたのである。

集合住宅の近・現代史をさかのぼれば、ギマール、ガウディ、ミケル・デ・クラーク、またル・コルビュジエもフンデルトヴァッサーも、建築の枠からあふれ出て建築の形式性を破壊するものの可能性を、特異な素材や形態や色彩に探っていたのかもしれない。それは建築を飾る壁画や彫刻とはまったく違う力を潜めた、とりあえずはアートと呼んでみる何ものかの気配である。視覚だけを媒介するアートではなく、住む建築の器管にじかに接続する創造的行為である。いいかえれば、いまは「住むこと」さえも形式化しつつある時代である。それに慣れることはじつに簡単なのだ。

標準設計の遺産

一九五一年六月、公営住宅法制定。これで地方公共団体が国の補助によって賃貸住宅を建設することになる。都営住宅、県営住宅、市営住宅などがそれである。

一九五五年七月、日本住宅公団発足。これによって大都市を中心とする地域に分譲あるいは賃貸の共同住宅が供給されるようになる。日本住宅公団はその後は事業内容の変遷に伴って名称が変わり、二〇〇四年、独立行政法人都市再生機構（UR都市機構）と改称、以来現在にいたっているが、全国につくられた数多くの団地はいまも公団住宅の名でなじまれているのではないか。

事業内容は実際はさらに細分化されるが、ここでの公営・公団住宅は鉄筋コンクリート造の集合住宅に限っておく。同じ不燃化住宅の同潤会アパートメントが関東大震災後の復興諸事業の一部門であったのに対して、第二次世界大戦後の住宅不足に立ち向かうはるかに直截的な供給を課せられたのが公営・公団住宅である。公営には各地方自治体によるフィルターがあり、低層所得者のための福祉的性格とよい街並みづくりの役割を負う。一方、公団は毎年計画戸数の目標をクリアするために、またそれが全国

84

115

規模の展開になることとあわせて標準設計を徹底する。寸法を規格化し、構成部材を均一にする。一九七七年までこの体制が続いた。その後は高層住宅や新しい工夫や提案による設計が試みられてもいるが、この標準設計が公団住宅の原像となっているといっていい。

スティールドアとシリンダー錠、ステンレス流し台、水洗便所、また何よりも鉄筋コンクリート構造が、それまでの日本人の住意識を変えた。これらの建築や製品は公団住宅をこえて一般の住まいにもやがて普及していくが、その新しさをもっとも強烈に印象づけたのは集合住宅というビルディングタイプそのものだろう。すぐ身近にいきなりそれが出現した。住むにかぎらずただ目にするだけでもそれまでの住まいの経験が消えた。いままでになかった利便性や隣人関係が臆面もなく直截に見えてきた。それ以上に驚異でも衝撃でもあったのが、同じ建物が並ぶ画一性だった。新しい住環境に不可避な属性で、それが公団住宅だった。

専門家でも研究者でもないのでややおざなりの前置きからたどりついたこの画一性が、ここでのテーマである。建築家のサインが入っているわけでもなく、街なかにあって眺められるわけでもない。多くは団地という特殊な私領域のなかにある。気楽に訪ねられるようなところではない。しかも現在までに建設された総数は百五十万戸をこえる。多すぎるために、逆にどこにも存在していない。けれどもいつかはその画一性を確認したいとずっと思っていた。いい機会を得て関東、中部、関西、九州などにある七十団地ほどを延べ十日あまりをかけて訪ねてまわった。これまでに十や二十の団地は見てきたが、これほどの短期間に公団住宅四十年以上の歴史を圧縮して体験したのははじめてだ。それぞれの担当設計者の声が、そこここでたしかに聞こえた。

200–201ページ・高根台団地。テラスハウス、ポイントハウス、中層住宅の3タイプが敷地勾配にあわせて配置されている

団地を構成する基本的な住棟は、東西軸棟（四―五階建ての板状型。南面にバルコニー）、ポイントハウス（五階建てのタワー型住棟。一フロア三住戸のスターハウス、一フロア二住戸のボックス型）、テラスハウス（専用庭つき二階建て、六―八戸連続住棟）の三タイプで、もちろん、これらに混じって長大な棟、雁行する棟、V字形に開いた棟などが試みられているが、やはり基本の三タイプに標準設計の考え方がもっともよくあらわれていると思う。レゴのピースなどと同じで、特別なデザインではない素型の単位の組み合わせがいちばん多様な表現を生みだす結果になっているのだろうし、立地も地形も規模も異なる団地を新たに担当する設計者たちは、過去の団地事例を参照して同じ住棟の組み合わせながら独自の工夫をこらしたにちがいない。

実際に団地を訪ねてとくに印象的だったのはそのことである。住棟構成がとてもうまくできている先例があれば、それを部分的にでも踏襲すればよい。同じ組織内なのだしと思うのだが、そういう事例は意外に少ない。どの団地も既存団地と勝負しているかのように思いがけない発想を形にしている。そこに団地設計の歴史が確実につくられている。日本住宅公団設立から標準設計廃止までのほぼ二十年間の、配置計画の材料として同じ住棟を扱うしかなかった時代の団地にこそ歴史が強く感じられるのだ。私が目にしたのは住棟の佇まい、すなわち当初の配置計画が現在も生きている姿であるが、各団地の見分けがついたのはそれぞれのオリジナリティの高さによっている。

担当設計者は画一性にどう対応したのか。公団住宅が世の中に出現しはじめたころ、批判が集中したのはその画一性である。墓みたいとか自分の住まいに帰るのに迷ってしまうとか。けれどもいまは、東西軸板状棟が観兵式の分列行進みたいにいっせいに並んでいる光景が驚くほど斬新に見える。多様性へ

次ページ上・草加松原団地。通り沿いの中層住宅。
下・タウンハウス諏訪。共用庭。
205ページ・木場公園三好住宅。中庭から路地を見る

の余計な気づかいがないのだ。外構の緑が整い、並木が立派に成長しているせいもあるだろう。山あり谷ありの地形が顕著の団地では三タイプの住棟がダイナミックに組み合わされ、大規模団地ではコミュニティセンターやショッピングエリアの求心力が、整然と並ぶ住棟にうまく作用している。訪ねた団地の最大は一万百七十戸、最小は五十八戸。一様ではない。

部品から内装から構造軀体から、すべてに合理性を求めての住宅供給が、紆余曲折ながら維持管理あるいは再生まで含めて半世紀ものあいだ維持されてきた。空間も時間もかつてないトータルな仕組みがつくられてきて、現在の組織名称に示されているように住宅から都市全体が対象になっている。その反映だろうか、二〇〇五年に同機構本社内に「都市デザインチーム」が発足し、初代チームリーダーとして建築家・木下庸子が招かれ、二年間在籍した。この機会に公団住宅の設計計画史のアーカイブをつくろうと木下とのあいだで話が進み、機構の協力を得て「代表的な団地は全部見る」視察が実現し、その報告書を一冊にまとめた。それを市販本にするためにあらためて内容をチェックしているうちに、また八年もが過ぎた。

この本にはいわゆる論考はない。選び抜いた五十五団地の設計計画コンセプトの要約、それが風景として見えたままの描写、あとは年表とキーワード。公団住宅の歴史を内部でずっと調べていた人たちへのインタビュー。住宅団地となれば文章も写真も生活からの視点が中心になるが、それをもむしろ排除する構成を心がけて、こういう事実関係だけを確定しようとする編集には終わりが来ない。二〇一四年はじめにその『いえ　団地　まち』(住まいの図書館出版局)は新書判に近いサイズで五四〇ページの本になったのだが、やはり終わっていない。

求む「高齢」住宅

十九世紀末から二十世紀末までのおよそ百年のあいだに実現した名作といわれる集合住宅を取材したのはずいぶん前のことだが、ヨーロッパに訪ねた十五ほどの団地のうち五団地が修復工事中だったのに驚かされた。古い寺院や市庁舎など歴史的建造物を訪ねると、足場や仮囲いに覆われている。ちょっとがっかりすることがヨーロッパではめずらしくない。けれどもまだ歴史が浅いと思いこんでいた集合住宅までもがこうした手当ての段階を迎えているのだ。

事情はそれぞれに異なる。エクトール・ギマールのカステル・ベランジェ（一八九八年）は取り壊しの危機に瀕していたのが反対運動で一転、原形に戻す作業のために住人全員が一時退去させられることになっていた。アントニオ・ガウディ設計のカサ・ミラ（一九一〇年）も銀行が参入して大々的な復元工事の最中だった。例の複雑な造形だから大変だが、スペインの国宝、世界の文化遺産に指定。

作家アンドレ・マルローがフランス文化相を務めたとき、パリの都市環境のイメージを変えるプロジェクトを敢行した。「パリ・ブラン（白いパリ）」と呼ばれるように、たとえば長い歳月で黒々と煤けた

屋根を葺き替え中の「バイカー・ウォール」

ノートルダム寺院の外壁を洗ってもとの白い石造の姿を取り戻そうという構想である。賛否両論があったようだが、いざ輝くような白さで再生した寺院が出現したときは、歴史のなかに新しい時間が生じたような不思議な感動が広がった。だが洗うといってもいろいろで、私が見たのは歴史地区全体のファサードを薄く削って石を新しく見せようとしている現場で、それだけ石の厚い家並みなのだ。

そのずっとあと、マルセイユのユニテ・ダビタシオン（ル・コルビュジエ、一九五二年）が歴史的建造物に指定され、修復工事が始まった。打ち放しコンクリートの外壁の汚れを高圧洗浄する作業が途中まで進んでいるときに訪ねたので、住みはじめて四十年経った壁面と完成当時に戻された壁とを半々に見ることができたのだが、屋上はもっと厳しい状態で、階段の小壁は組まれた鉄筋をセメントでこすりつけて覆ったかと思うほどに薄い。

208-209ページ・マルセイユのユニテ・ダビタシオン北側外観

カール・マルクス・ホーフ、修復工事のオフィス

海風は強いしコンクリートを破って剥き出しになった鉄筋が錆びている。鉄筋を新しく組むことから始めて、コルビュジエ仕様の薄いコンクリート打設をすることになる。原設計は変えない。またすぐ鉄筋がやられてしまうんじゃないかと共同所有者組合の会長さんに気がかりを話したら、そのときはまた新しい鉄筋を組み直しますよと事もなげな笑顔を返してきた。

　ニューキャッスル・アポン・タインのバイカー団地（ラルフ・アースキン、一九七一―八二年）にはその外周に計画された高速道路の騒音から団地を守るために、長くうねりながら城壁のように続く住棟がある。訪ねたとき、その屋根が小屋組みをあらわにして葺き直されているところだった。完成から十年あまり、長くて曲線を描く形は雨仕舞にやや無理があったかもしれない。けれどもその作業風景はどこか懐かしく安心できる。コンクリート建築はどうしても完結的に思え、メンテナン

212-213ページ・カール・マルクス・ホーフ（4点とも）。

右ページ上右・階段室。各階に中庭側2戸、通り側2戸のドアが標準。上左・階段室吹き抜けに設置されたエレベータ。

下・資料から想定される外壁の色サンプルを居住者に公開。

左ページ・復元された竣工時の色彩

19.Halleraugasse

スフリーという気持ちになってしまうが、長く生きてきた民家などはときおりの手入れや更新を住まい手に自然にうながすような形や素材が、それと意識することもない精密さで備わっていた。

もう一ヵ所、ウィーンのカール・マルクス・ホーフ（カール・エーン、一九三〇年）は、第一次大戦後、社会民主党の市当局がホーフという名のもとに次々と建設した一連の住宅団地の代表例である。全長一キロもの住棟が二列平行してその内側が広い中庭になり、さまざまな共同施設が点在している。かつては大変なにぎわいだったが、住民数が半減し高齢化が進む現状を打開し、建築遺産を活かすための大修復工事となった。目標のひとつは完成当時の潑剌とした姿の復元、もうひとつは高齢者に配慮した改装。それはほかのどこの、日本の集合住宅にだって長生きできる考え方としてあてはまる目標なのだ。

そもそも建築において二十世紀的なるものの最たる事例である集合住宅の生命は、たとえば死の建築として途方もない長寿を生きてきたピラミッドと比べてどう計ることができるのか。生の領域において建築は軽い。とりわけ集合住宅はもっとも仮設的だとさえいえる。けれどもこの百年あまり、世界の建築家たちが設計を見果てぬ夢としてきたのもやはり集合住宅ではなかったか。なぜなら修復保全再使用まで含めて建築設計でこんな難問はほかになかったのだ。ここまではその歴史をたどった。

次ページ・端島日給住宅。二一六ページ・同潤会江戸川アパートメント一号館階段室

現代集合住宅の「起源」をさぐる

ビラ・モデルナ

ビラ・モデルナは、柘榴のような集合住宅だ。北側すなわち前面道路から見ると全体が左右二棟に分けられ、いちばん奥、つまり南端部が各階ともブリッジでつなげられている。北側道路だけに開かれた立地条件のなかで苦心した住棟配置だろう。二百戸近くをまとめた大きなボリュームが自然に熟して裂け、個々の住戸が肉質の種子のように粒立って露出している姿がいかにも柘榴である。住戸にはその大小や開口部、あるいは方位の多様さが誇示されているわけではなく、むしろ単一の規格性が徹底しているのだが、それが逆に果実などの有機体に近い印象を与えている。

住戸は二棟間の「広場」に面して垂直に積みあげられ、先端部が雁行配置されているうえに斜めにカットされた屋根面がそっくりガラスのハイサイドライトになっているために、肌理細かくシャープな明暗のテクスチャーをつくりだし、加えて壁面にとりつけられた窓拭き足場で、よくも悪くもいっそう効果を高めている。これに対して北側の外壁（妻面）は無窓。道路斜線により最上階まで段状に後退していく連続面が住戸という「種子」を包みこんでいる。この構成によって強く完結した姿だが、いわゆる中庭型集合住宅の形式性は感じられない。

ビラ・モデルナは渋谷駅からほど近い、東京都児

次ページ・ビラ・モデルナ。上階より中庭を見下ろす。各戸ハイサイドライト下の壁に窓拭き足場の4本のパイプが突き出ている

童会館（大谷幸夫、一九六四年。二〇一二年閉館）を左手に見ながら青山通りに向かって左に道を折れた先にある。「ビラ」の名を冠した集合住宅は東京都心に他にいくつもあり、同じ渋谷区には七棟がそろっている。モデルナから青山通りと明治通りに挟まれた道を北に向かい、表参道を突っ切って間もなくのところにビラ・ローザ、さらに数分も歩くとビラ・グロリアが、ついでビラ・フレスカ、ビラ・セレーナ、ビラ・ビアンカが踵を接して並んでいる。完成順に設計者も加えて列挙すると——

ビラ・ビアンカ　一九六四年　堀田英二
ビラ・ローザ　一九六九年　同右
ビラ・セレーナ　一九七〇年　坂倉建築研究所
ビラ・グロリア　一九七二年　大谷幸夫研究室
ビラ・フレスカ　一九七二年　坂倉建築研究所
ビラ・モデルナ　一九七四年　同右

そしてやはり坂倉建築研究所が手がけたビラ・ノーバ（一九七九年）とビラ・サピエンザ（一九八二年）が世田谷区上馬に、また現在のところこのシリーズの最後となっているビラ・ピコリーナ（一九八一年）がふたたび渋谷区千駄ヶ谷に竣工しているが、東京オリンピックの年からわずか十年の間に近接した立地に実現した六棟はとくに設計密度の高さが独自の表情となり、街の一角を形成している。民間の集合住宅でこのような例を他に求めるとしたら、「都住創」の集中する大阪城西側の一帯、海外でも思いつくのはアムステルダムのミケル・デ・クラーク（一八八四―一九二三）の手がけた集合住宅が続く一角とパリのマレ・ステファン通りくらいだろう。この三例はひとりの建築家、あるいはひとつの建築チームの設計によるものだから、手法や表現をその都度切り換えながらも全体にそれなりのまとまりをもたせているといえる。しかしビラ・シリーズは複数の建築家が設計しているにもかかわらず、一貫した特性が感じとれる。この一帯の土地を矢継ぎ早に取得し、建築家たちに設計依頼した興和商事というディベロッパーの名を当然ビラ・シリーズの特性に重ねるのだが、さらにいえば、これらのプロジェクトを実質的に推進した同社会長、石田鑑三氏（故人）の個性に負うている。この時期には大手不動産による新し

次ページ上・ビラ・ビアンカ。明治通り沿い外観。
下・ビラ・セレーナ。ビラ・フレスカから見る

DVD

ビラ・グロリア外観

いマンションが出現しつつあった。住宅公団による郊外団地にも成熟した統一性が実を結びはじめていた。そのなかで、個人のディベロッパーの意欲的な試みも散見できるが、街を形成するにいたるまでの石田氏の明快な意志と持続力は例外的であった。

たとえば第一号のビラ・ビアンカは、ガラス張りの住戸が明治通りに面していきなり積みあげられたような外観がなんといっても印象的だった。しかも雁行する住戸の間に虚のボリュームとしてのテラスを組みこんでいる。だからその上部の住戸単位が浮いて見える。こうした構成をさらにアクロバティックに見せたのは、モシェ・サフディのハビタ67（一九六七年）であるが、ビラ・ビアンカはその三年前に出現している。またビラ・グロリアは、それほど強調されてはいないものの、壁から突き出た住戸はその上下にテラスをサンドイッチすることで同じように分離した表現がまず目に入ってくる。

さらにビラ・セレーナでは、段状に重なる住戸が際立ち、このピラミッド型のマッスに三方向からスリットを入れ、それが内部で交差する芯の部分を光庭としている。壁面を濃い黄色でペイントしていて、ちょうどモデルナを裏返しにしたかたちだが、果実を割って内側の果肉を垣間見せる印象は共通している。両者は同じ設計事務所による。だからこの展開は当然かもしれない。でもビアンカからモデルナにいたる都心型住居集合体のイメージはぶれていない。これまで繰り返し指摘してきた住戸あるいは部屋の単位を、粒子のように際立たせるイメージである。

それが設計のうえでどこまで意識されていたのか、少なくとも当時の設計要旨などにはうかがえない。「外壁はすべてガラス一部アルミのカーテンウォールとし、奇数階、偶数階によって配置を変え、アウトドアリビング兼庭園の性格を持ったテラスを設けた」（堀田英二「ビラ・ビアンカ」、「建築」一九六四年八月号、設計要旨、傍点引用者）、「二十五の異なった住居がひとつのオーダーのもとに嵌め込み細工のように積み重ねて全体がつくられている。この中にある一戸を取り出せば、そのまま独立住宅にもなるような変化ある住空間も組み込まれている」（清田育男「ビラ・セレーナ」設計要旨）といった記述にその片鱗がうかがえる程度だが、そうした住居集合の表現が自明の理であった当時の時代状況が見えてくる。

ビラ・ビアンカとほぼ同時期に登場した原宿駅前のコープオリンピア（清水建設、一九六五年）も、部屋単位を斜めに突き出し、全体はその反復でプレーンなファサードにまとめてはいるものの、集合のイメージを強く訴えている。一九六〇年代末の内井昭蔵による桜台ビレジ（一九六九年）、桜台コートビレジ（一九七〇年）、あるいは渡辺洋治による大久保駅近くの第3スカイビル（一九七〇年）なども同様に斜めに振った部屋単位の反復でファサードがまとめられている。そして七〇年代初頭には、構造体に住居単位が自由にとりつく見え方を徹底させた黒川紀章の中銀カプセルタワービル（一九七二年）にたどりつく。これは菊竹清訓の「塔状都市1958」「海上都市1958」のプロジェクトにまでさかのぼることのできるイメージであり、その住居単位がカプセルとして都市生活の内容を獲得したことで、計画は実現というもっとも強力なコンセプトまで加えた建築になる。

ビラ・モデルナ。共用廊下より住戸を見る

その数年後にあらわれたビラ・モデルナは、「都心で生活するというパターンの中から、睡眠をとるという場を切り離し、それをこの住居単位とする」（清田育男、設計要旨）という点では同様のカプセルの集合体としての考えを引き継いでいるように思える。しかし先にも述べたように、住居単位という種子は中庭を核として内側に表現されている。中銀カプセルタワーの外に向かった大きな円窓がそれぞれのカプセルを個々に都市の空に漂わせているのに対して、モデルナのハイサイドライトは純粋に採光のために機能する。上階のブリッジから広場を見下ろすと、それを囲む住居のハイサイドライトが重層しているのが見える。内部の生活の集約が見られるのである。結果として通路、ブリッジ、階段、ロビー、中庭といった共有部分のほかに、このようなかたちで集められた住居そのものがモデルナにおいてはもっとも強く「共有」の印象を帯びている。

この構成をプロトタイプとして集合住宅の諸例を見渡してみると、モデルナの独自性が浮き彫りにされてくる。後のビラ・ノーバやビラ・サピエンサは中庭を囲む構成だが、十三戸および十一戸、どちらも三階建てで小規模であり、各住戸そのものは逆に広くなっているためもあって住居集合が突出した姿ではない。モデルナの表現はむしろ十九世紀末のカステル・ベランジェ（エクトール・ギマール、一八九八年）や、二十世紀初頭のエイヘンハールト集合住宅（ミケル・デ・クラーク、一九一九年）に通じるものがあると言ったほうが早いかもしれない。建築家が集合住宅という新しいビルディングタイプの表層的意匠に手を染めるだけでは飽き足らず、全体の構成を思考しはじめた時期である。

ビラ・グロリアの設計を大谷幸夫が打診されたとき、彼は民間の仕事をやった経験がなく、なぜ自分が選ばれたのかがわからずとまどったという。またビラ・セレーナの設計依頼の際には、坂倉建築研究所内でも集合住宅ははじめてであり、そもそも集合住宅が建築のジャンルに入るのかという疑念があったというのだ。一九五〇年代末にはすでに前川國男による日本住宅公団晴海高層アパート（一九五八年）や公団阿佐ヶ谷テラスハウス（一九五八年）ができていたわけだし、当然その時代背景にはル・コルビュジエのユニテ・ダビタシオン（一九五二年）やミース・ファン・デル・ローエのレイクショアドライブ・アパートメント（一九五一年）、さかのぼっては戦前のモダニズム系の代表的な集合住宅の存在を承知していたはずなのに、こうしたとまどいや疑念があったということは、一九六〇年代当時、民間の企画による集合住宅、いわゆるマンションが建築家たちにおいてどう位置づけされていたかが想像できる。そのような時代に堀田英二、坂倉建築研究所、大谷幸夫といった集合住宅の設計を専門としない建築家たちにあえて依頼した石田さんの考え、という以上に、何もかも手探りで始めなければならなかったあの時代がある。

石田さんは一九二七年東京生まれ。戦時は少年飛行士に志願し、熊本の航空隊で敗戦を迎え、焼け野原となった東京に戻ってきた。焼け野原から住む家の材料を拾い出したり、あちこちから工面する生活から始め、不動産に手を出して騙されたりもしながら小さなホテルを建て、戸建て住宅に注目するにいたる。石田さんに直接うかがった回想のおもしろさは、それだけでも一冊の本になるくらいだったが、ホテルのボイラーの改修を通じて設備設計事務所を知り、その縁から堀田英二に出会ったという。この設備設計が絡んでくるのは、石田さんの考え方をたどるうえできわめて特徴的で、「ビラ」についての話もデザインについてではなく設備あるいは建築性能についての言及に終始された。大谷幸夫に依頼したのも、「環境にめっぽううるさい先生がいる」と聞いて、この先生ならきっと環境によいものをつくってくれるだろうと判断してのことらしい。肝心の坂倉建築研究所との関わりについては聞きそびれたが、とりあえずはやはりインタビューさせていただいた清田育男（当時坂倉建築研究所にあってビラ・モデルナその他を担当）の「石田さんからは建築的なかたちの要求はいっさいありませんでした」という証言がある。また住戸数いくつという要求も最初にはなかったらしいが、効率よく容積ぎりぎりに面積をとることに対しての要求、また売るという視点に徹しての発言、機能上あるいはメンテナンス上の意見が多かったという。結果として企画側と設計側とのディスカッション、計画案の練り直しが繰り返し重ねられて決定案へと固められていったらしい。竣工当時からホテル並みのフロントを完備し、ゴミ回収サービスなどもおこなうハイクオリティの都市居住のあり方も、このなかで確立されていく。こうしたサービスはコープオリンピアでもなされているが、居住者のみならず外来者にもその「商品価値」が容易に見てとれる点ではモデルナの姿勢はより明快で、三十年後の現在もこの体制は維持されている。

ビラ・モデルナは少々堅すぎたようだ——これは「新建築」月評欄（一九七五年一月号）での西沢文隆の批評である。設計監理は坂倉建築研究所東京事務所の西沢文隆、坂田誠造、設計は清田育男、菅野嵩紀、北川稔と作品データにあるから、西沢の自省の弁ともいえる。続けて「ことに窓拭き足場の四本腕のパイプは恐縮の限りである。表紙の写真を見て、まさかわがビラ・モデルナとは思わなかった。渡辺洋治さんがまたやったのかと思ったほどである」。心を込めたところは写真に出ていないし、痛いところばかりにふれてニヤニヤしているみたいな編集側も悪趣味だとぼやいた後、「かなり設計密度は高めたつもりだが、こうして傷口を見せられるとよい反省にはなる。己が醜い姿をまじまじと見せられる感じである」とかなり参っている。渡辺洋治風に見えたという的確な（?）指摘にはつい笑ってしまったが、写真はそのつもりでなくても中庭側に集中した住居単位を、その密実感以上に群体として迫る強さを表現してしまう。角のように突き出された窓拭き足場も、クロースアップされれば攻撃的に見えるだろう。住居内部は竣工直後だから、ごく説明的なカット二点にとどまっているし、一階のラウンジもレストランも寂しく見えるのは仕方がない。現在の印象はずいぶん違う。

同じ月評欄で高橋靗一も「あの壁からニョキニョキ突き出た鉄筋は感心しません。数年経って、その一本一本からサビタレが流れるさまが目に見えるよう」と手厳しいし、斜めのガラスによる採光は日本の気候条件のなかでは問題が多いのではないかと指摘している。宮脇檀も同欄でこの採光部分を「上からの見下ろしに対するプライバシーの問題を、斜めのカーテンというあまりみっともよくない方法でしか処理していないのは不親切」で、それなりの装置を開発するくらいのことはしてほしかったと批評している。印象批評でよしとすることから始めたのがこの月評欄だから、こうした断片的な指摘でかまわないと思うが、このハイサイドライトは誰にとっても気になる。住居内部がうまく使われているかを確かめたくなる。で、先に十戸ほどの住居を訪ねたその様子を記しておく。ただ訪ねた先はすべてオフィス、アトリエなどに使われており、前に設計要旨を紹介した「睡眠をとるという場」を都心での生活からここに切り離した事例はない。つまりベッドが置かれた部屋はない。いや、ベッドのある部屋がひとつだけあったが、それは鍼灸接骨院だった。ベッドが二台、それに向き合うハイサイドライトの下が待ち合いコーナーになっており、長いソファが据えられている。納まりのいいレイアウトである。ここは標準住居より広く、また形も違っていて、治療室を入った右手にハイサイドライトが奥へと伸びている

ビラ・モデルナ住戸内

せいかもしれないが、とても落ち着く。先生に薦められてその場で鍼を打っていただいたが、入口から治療室へのアクセスが深く、さらに具合がいい。

部屋単位は住居タイプ二種類、オフィスタイプ三種類、それに変形タイプを含めて全百八十九戸、住居タイプは室幅二・八メートルを基準とし、外部に接する先端部分を四十五度に振り、壁上部にL型のハイサイドライトと、それに続く開閉窓および避難用バルコニーをつけている。電熱ヒーターつきの小型シンクと新開発したバストイレ・ユニットなどがあり、オプションとして家具ユニット、格納ベッドなどが準備されている。

同オープンルーム

こうした必要最小限の空間にコンパクトな機能を装備した部屋が建築設計、編集、広告デザイン、企画などの仕事場になっているのだが、どこも意表を突かれるほどきれいに、オシャレに使われている。問題のハイサイドライトには観葉植物を思わせるようなグリーンの柄のカーテンがあしらわれたり、不透明と半透明のシェードがうまく使い分けられたり、書棚と開口部とをふたつの構成要素として組み合わせたり、もちろんブラインドをきちんと使っているところもあるが、それぞれの工夫が新鮮だ。壁・天井の白さが際立つオフィスがあるかと思えば、ブルー一色に仕上げて水の中の部屋のように見せている部屋がある。一筋縄ではいかない空間の限られたボリュームと形状に、かえって触発されたかのような。なんだかおもしろいオブジェや写真や絵が盛りだくさんの部屋もあるが、乱雑さを感じさせない。上下足をきちんと分けたオフィスもいくつかありました。

模範解答のところばかりを運よく拝見できたのかもしれない。それ以上に感じたのは、このスペースが純・住まいとして使われているならば、どんなにきれい好きの人の部屋でもきっと雑多な部分が表面化してくるだろうということだ。「睡眠だけ」をここに置くとしても、衣服の着脱、身体の洗浄、排泄、軽い飲食と調理などの行為がそれに付帯してくる。住むことに関わるモノは多様多層なレベルであらわれてくる。対して仕事に関わるモノはより単純に収束するのではないか。とすれば、住むことと仕事することの転倒というか、両者の分かれ目が必要最小限のスペースという容器を逆に規定することになるかもしれない。

同住戸内のシンク

上階のブリッジから、重層するハイサイドライトを見下ろしたとき、そこに垣間見えるプライバシーから宮脇檀と同じように私も目を逸らし気味だったが、いくつかの部屋を訪ねた後、ふたたび同じ場所から中庭を見下ろしてみると印象が変わった。ハイサイドライトがショーウィンドウの連なりに見えた。そこを明らかに意識して、部屋番号のロゴを見せたりかわいらしいオブジェを置いたりしているところもある。洗濯物を干しているのはきっと住んでいる部屋だろう。

西沢の自省および批判の的になった窓拭き足場は、サビタレの痕跡もなく変形もしていない。維持管理が行き届いているためか、石田さんもこれを、壁にきれいな影を落とす装置として気に入っておられた。雁行する部屋も当然、光と陰のテクスチャーをつくりだしている。粒が立って見える。三十年間変わらない光景である。

部屋単位を結ぶ通路は、東棟では片側、西棟では中央を貫き、南側のブリッジに連結されてU字型の共有空間となるが、外部として切れている。階段はもちろん、エレベータも独立してこの外部の一部となっている。高密度集合住宅への対応としての構成だが、ここの住人にとっては部屋が外にさらされていることで、閉じた共有空間のなかで互いに避けあうのではなく、かえって結びつく意識が強まっているような印象を受ける。各階の外部通路こそが共有空間であり、一階のくの字型に「広場」に接するラウンジなどはたしかに他にはあまり例のない落ち着くスペースだが、共有空間としては補助的であり、核となる「広場」はむしろさらに形式的。竣工当時からそこに置かれた円形の大テーブルなどはロータリーみたいなものと解釈してもいいくらいで、私空間と共有空間との、ある面では図式的な構成のなかにひそかに組みこまれた私−公のトポロジーが、現実の使われ方とその意識に作用していく。

また月評を引き合いに出すが、宮脇檀が「せっかくサンクン・ガーデンにして落ち着き出しているのも、今一歩アプローチ的であり過ぎる」と評している広場も、いまの時点でみればアプローチ的に素っ気ないからこそ気楽に対することができる。広場をガラスごしに眺められる奥の玄関ロビーとラウンジもくつろげる場となっている。長い年月使いこまれることによって、水が澄んでいくようにそれぞれの場が自然に本来的なあり方に落ち着いていく。時間による作用。そこから新しい集合住宅の計画概念が発生してくるときにはじめて、ビラ・モデルナをはじめとするビラ・シリーズは現代集合住宅のオリジンのひとつに位置づけられるだろう。

多摩田園都市開発拠点　三つのビレジ

学校では建築とは無関係だったから、卒業して建築専門誌の編集部に入ることになったが心細いことこのうえない。設計事務所に勤めていた兄に助言を求めたら、一言「菊竹清訓という建築家がいる」。それだけ。

その一九六〇年春に東京で「世界デザイン会議」が開催された。海外の有名建築家やデザイナーが集まってくる。君にはよい勉強になるだろうと編集長に言われて連日会場に通った。ルイス・カーン、ラルフ・アースキン、スミッソン夫妻、ラファエル・ソリアーノ、ポール・ルドルフ、バルクルシナ・ドーシなどの名をはじめて覚えた。しかしもっとも強烈な印象を受けたのは、兄に教えられた菊竹清訓の自分の仕事を紹介しながらの講演である。

当時すでに完成していたスカイハウス（一九五八年）にも興味を惹かれたが、衝撃的だったのは「塔状都市」「海上都市」計画の絵が壇上のスクリーンに大きく映し出されたときである。いまはよく知られている図で説明する必要もない。粒子状の住戸が隙間なく組織化された円筒状の高層建築がいくつも雲間に見え隠れている「塔状」と、それがリング状に並んで海底に潜み屋上部が水面にあらわれている「海上」である。建築家がこのように壮大な幻想的建築を構想しているとは夢にも思わなかった。建築家とは実現を約束されている建築だけを設計する、つまり建主の存在が先行すると思いこんでいたから、「提案」する思想にふれて自分のなかの建築家の位置づけが一変した。

何よりも絵そのものに見応えがあった。迫真的なデッサン力で描かれている。同時に、実現への遠さがこの幻想的建築群をのびやかに見せている。いま思い起こしてみると、建築が思想のあらわれだった時代と、ひたすら実現へと向かう時代とのあいだに束の間の自由があったのだ。

私の参加した月刊「建築」では創刊の翌年に菊竹清訓特集号（一九六一年十一月号）を組むことになり、世界デザイン会議のときは演壇上に遠く眺めていただけの菊竹さんにはじめて接する機会を得た。といってもときおり編集室に来られて進行状況を見、意見を口にされる程度だったが、誌面構成についての思いつきやアイデアがおさえようもなく次々と出てくる。菊竹さんはとにかくアイデアマンだ。その印象が強かった。作品は一九五五年、つまり最初期の殿ヶ谷第一アパートあたりから一九六〇年の千代田区立一橋中学校屋内体育館までが収録され、出雲大社庁の舎（一九六三年）はまだ計画案として模型が紹介されるにとどまっている。これらの建築と計画案は新米の編集者を夢中にさせた。

編集室での作業は連日深更におよんだ。菊竹事務所からも何人ものスタッフが詰め、ものすごい勢いで図面に手を入れたり写真を選んだり解説を書いたり。その最中に菊竹さんがやってきて急遽編集方針を変えたりするわけだ。チーフ格は生真面目かつ笑い上戸の内井昭蔵、遠藤勝勧も武者英二も土井鷹雄もいた。この特集号の巻頭論文として菊竹の「設計仮説」があり、塔状都市と海上都市が紹介されている。「塔状」は高さ三〇〇メートル、直径五〇メートルの「人工土地」に量産住宅千二百五十戸がとりつけられた人口六千人の都市であり、一方「海上」は人口五万人、円周四キロの、一定地点に停泊もし海を自由に航行もする「動く都市」の提案である。注目したいのは「垂直に立つ」壁状の人工土地であることを強く意識している点である。

「水平のスラブをつくり、自然の土を置いて、人工土地というような提案は、かえって豊かな将来の人工環境にとってブレーキになる」と菊竹は言う。だから「もっと重力に対して素直である」壁を優先する。この論文は例の「か・かた・かたち」の論理展開を下敷きにしているわけで、そこから右の説明だけを抜き出すのは強引なのだが、私がはじめてその姿を見たときの衝撃は「垂直」に関わっている。そしてこの先、幻想的都市提案がひたすら現実をめざすプロセスをたどることになる具体的な場所は、田園都市線という「渋谷から玉川を経て、青葉台に至る延長二三・一キロの鉄道とその沿線四五〇〇ヘクタールの丘陵地域」だった(『菊竹清訓作品集1 型の展開』求龍堂、一九九〇年)。菊竹事務所と東急の協同によるこれは「ペアシティ計画1965」と呼ばれる。プロジェクトを動かしていたのは建築家チームと企業側担当者チームとの激しい、熱のこもったディスカッションと合意である。そういう時代でもあった。

一九六五年日本橋白木屋で開かれた「多摩田園都市展——あすの生活環境展」では、塔状都市が一挙に実施の形へとシフトしてきたような粒子状の住居の連なりからスラブ状の住居に、模型写真から見るかぎりでは百二十階あまりの超高層住宅の提案が示される。これはそのままの実施を前提とした案というよりは「公共的インフラストラクチャーの計画的誘導と民間投資の恣意的自然発生的住宅建設とを、どのように組み合わせるか」をめざした「チャンネル開発方式」の図像化のようにも思われるが、その現実への転調によって垂直性はさらに強化される。

この後、じつに多くの集合住宅プロジェクトがあるが、樹木形高層住居群による森林都市構想、自動車のアクセス路を組みこんだスパイラル住居など垂直性を自然の形態や運動によって裏づけようとした計画が多く、ついには「高さ一〇〇〇メートル、人口約十万、オフィス、文化施設と二万の住戸」の「極超高層住居」(菊竹清訓作品集3『日本型住宅』求龍堂、一九九二年)にいたる。初期の塔状都市と同様に円筒形だが、表面は密実ではなく、ヘチマのようにポーラスである。つまり「風穴と表面積を広くとりながら、外側へ増殖、脱皮するスーパー・インフ

桜台ビレジ。東側より第1ブロック（右）、第2ブロックを見下ろす

ラストラクチャー」であり、あくまでもメタボリズム的である。

内井は一九五八年四月に菊竹清訓建築設計事務所に入所、一九六七年八月に独立して内井昭蔵建築設計事務所を設立する。スカイハウス竣工から多摩田園都市構想までのもっとも果敢な住居プロジェクトが展開された時期、菊竹とともにいた。

人工土地の研究と計画は一九六〇年代はじめから日本建築学会に人工土地部会が組織され進められた。建設省の補助金を受けた多面的かつ具体的な研究・計画だった。大高正人は神田・大手町地区計画、坂出人工土地計画を担当した。坂出は実現に向かい、一九六八年には「全体計画の約四〇パーセントにあたる五十六戸が竣工」（「新建築」一九六八年三月号）。「人工土地」という言葉は一九五五年竣工の吉阪隆正自邸ですでに使われている。一階が半ばピロティ状になった住宅で、ピロティの家はほぼ同時期の丹下健三自邸（一九五三年）や篠原一男の「久我山の家」（一九五四年）などにもみられるが、吉阪邸は二階のテラスを部屋と同じ広さに広げ、ピロティの効果をスラブ上に移し変えた。しかし構造は上下一体化したものであり、あくまでも一軒の戸建て住宅という完結のなかでの建築家の命名にとどまっている。

　対して「坂出」は集合住宅であり、しかも人工土地の梁と上部建物の基礎梁とは別々でジョイントで連結される。そのぶんだけ「土地」としての発想を通している。さらには上部建物は「群造形」をめざすという。この目標が、それまでの箱形住棟が均一的に並ぶ団地風景への批判と抵触する。その意味で計画案発表の時点から大いに期待されたのだった。

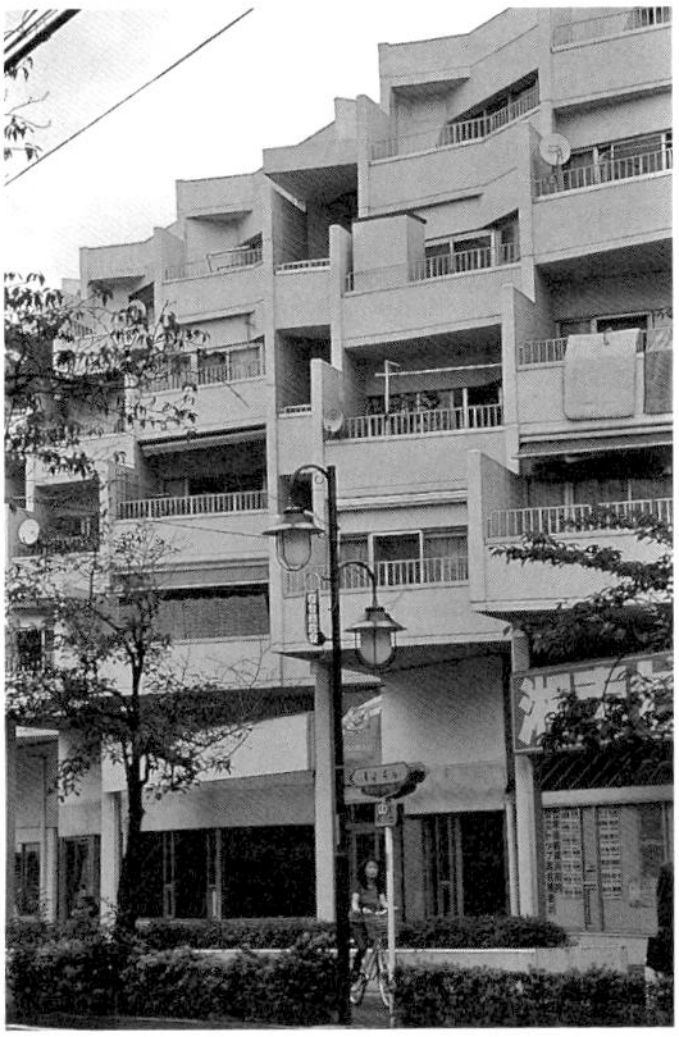
同県道18号線沿い外観

　私はその人工地盤ができたころに見に行って、スラブ下のピロティ空間の暗さと空疎な雰囲気に失望し、けれどもその数十年後に再訪したとき、じつによい感じになっているのに驚いた。けれどもその印象は、いまもうまく説明できない。この人工土地は基本的には六―九メートルの高さに平たいスラブを浮かせた。その「更地」に生かされた群造形の団地は、地上から遊離した不可思議な天国の集落みたいだった。
　そのころに独立した内井は、菊竹事務所時代に関わっていた東急田園都市線沿線の仕事（の一部）を引き継いだ（のだと思う。そのあたりを細かく聞く機会を逸してしまった）。当面の課題は多摩地区の自然地形を生かした集合住宅や生活施設づくりだった。平たくいえば傾斜地、その面に沿って集合住宅を建てる、というより斜面の手を借りて箱形の住棟を少しでもほぐしてやるといえばよいか。
　唐突だが、すぐその結果をみることにする。
　まず完成したのが桜台ビレジ（一九六九年）である。バス通りに面した西斜面の敷地に計画された。中層

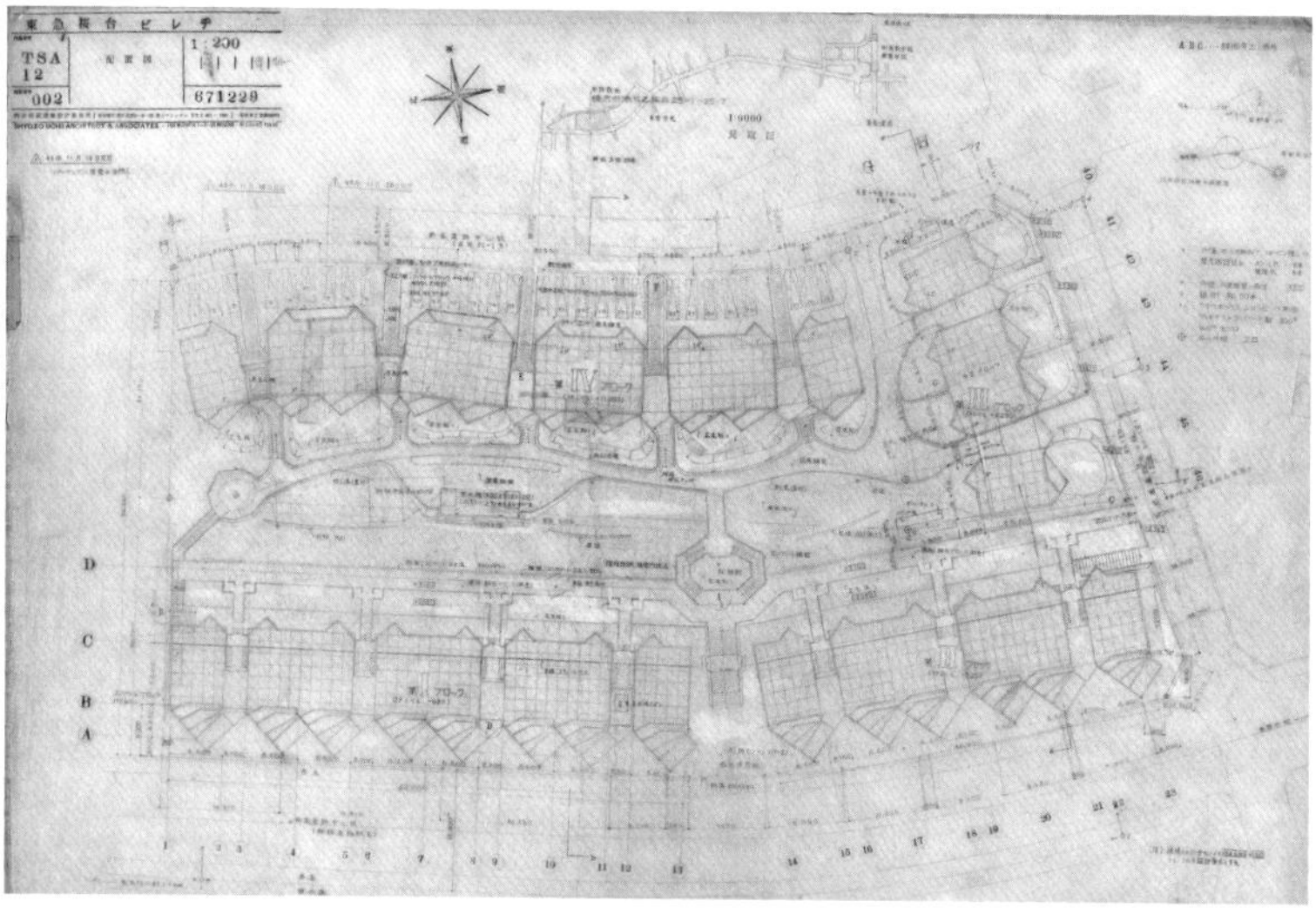

桜台ビレジ配置図（上が東・南ブロック、下が西ブロック）

（平均四層）棟ブロックが北を除く三方の道路沿いに並び、全体は傾斜地だからブロック配置が西↓南↓東へと螺旋状に高まっていく。そして内側はオープンスペースとして残された傾斜面があらわになっている。自然地形が生かされたのは住棟が連鎖しているために内包された印象を強めたこのオープンスペース（中庭）であり、これが傾斜面という条件に対する内井の解答だった。中庭を隔てて西のブロックと東のブロックが上下に向き合う。西と東のブロックではそれぞれ西側にテラスがつくが、陽光を求めるように南に四十五度振られている。東側はキッチンが同じ角度で突き出されている。南のブロックもこの形に準じている。箱形がほんの少しほぐされたわけだが、効果は大きい。とくに西ブロックでは南北に深い広場に面してキッチンが南あるいは北に振られて開かれているため、視界も深い。最上階は向かいの高い場所にある東のブロックに呼びかけるように張り出している。

　階段室を挟んだバッテリー・タイプの住戸だから両端部が開かれ、その両端部のねじれたテラスと部

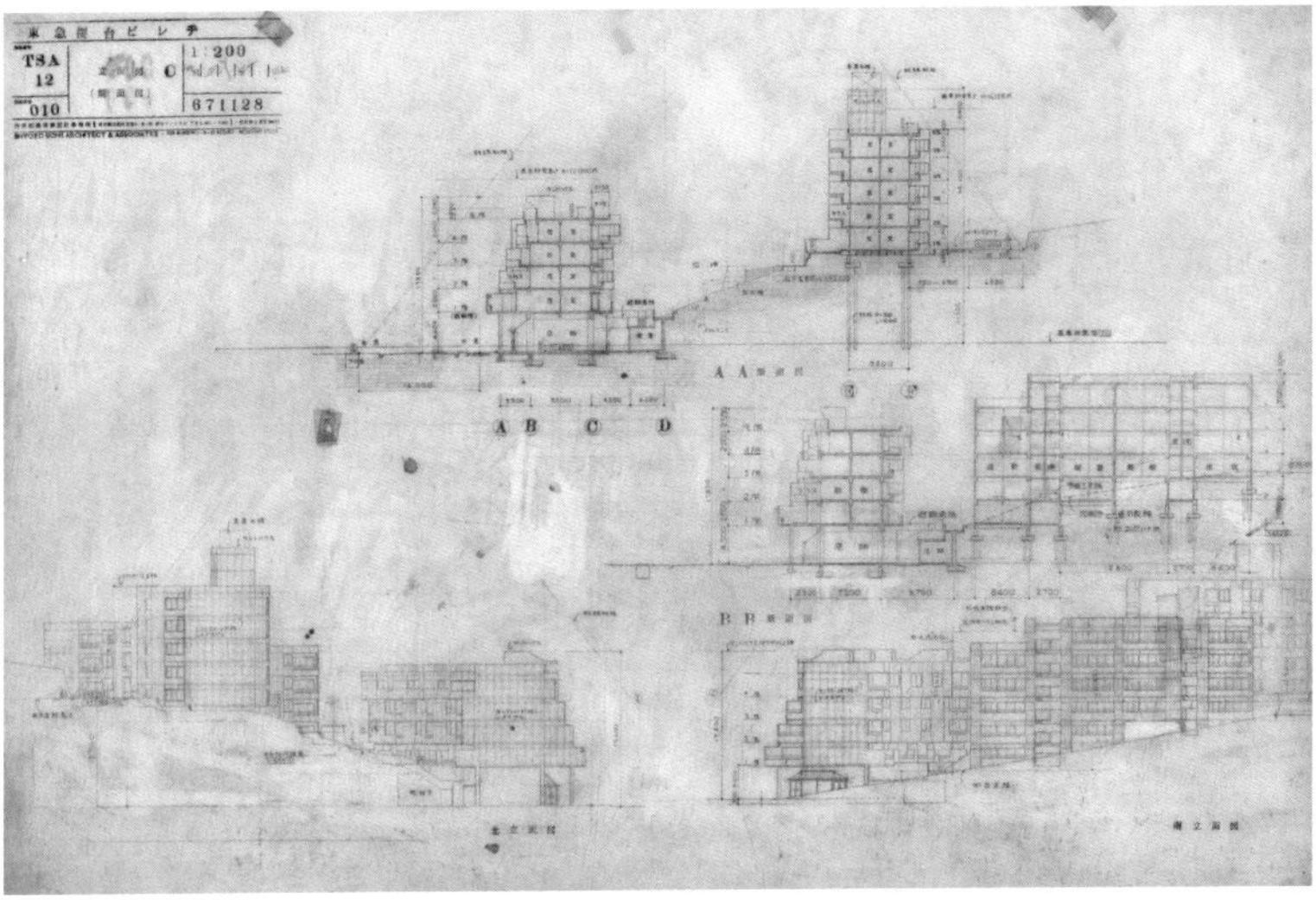

同断面図（上）と北立面図（下左）、南立面図（下右）

屋とが、向かいあう棟とのあいだに多様な距離を生み出している。テラスあるいは部屋の窓の前に立った人間が首をまわせば見える距離でもあるにちがいないのだが、建物がそのような形をとることで意識は一変する。ここでの「距離」とは他への親密さとみずからの場所を確保することの言いかえで、人間はそれを建築のありようを通して認知するからだ。

　バス通りに面した西ブロック（第一、二ブロック）の地上階は店舗である。その上部四層の住居のテラスは各階ごとに角度と面積を少しずつ変えて巻き貝のようにねじあがっていく。そのように街に向けた顔と内側のオープンスペースでは斜面広場を縁取るメリハリのきいたアクセス道路が自然のままの地形を浮き彫りにする。西ブロックではアクセス道路から七ヵ所の奥まった階段室へと七本のブリッジが矢のように突き刺さり、一方南と東のブロック（第三、四ブロック）では対照的に、ゆるやかな道が階段室まで続いている。どこまでも土地の高低が強く意識されている。当時の公団住宅が、自然の地形をよく残している団地でも住棟はあくまで箱形かその連結あるいはスターハウス（三方に翼を広げたポイントタワー）で対応することにとどまったのに比べて、敷地と建物の一体化を成就させるうえでの土地の彫り込みと建物のいささかの異形は、民間集合住宅のその後の展開に期待できる表現ともなった。

すなわち内井は垂直方向あるいは水平方向の人工土地とは違う自然のままの傾斜面を課題として与えられた。それを住宅地形成の歴史にまで立ち戻って考察し、その応答としての建築計画を試行することによって傾斜面を新しい土地として「発見」した。その第一号が桜台ビレジだったのである。

このころ、私自身も「建築」編集部を退き、「都市住宅」（一九六八年六月創刊、鹿島出版会）を始めて間もなくだった。内井にはあらためて協力を仰ぐことになる。桜台ビレジの紹介（同誌六九年六月号）に引きつづく斜面における集合住宅の特集号（同誌六九年七月号）で、内井は「住環境における斜面の空間特性についての考察」も寄せているが、桜台ビレジ設計の背景が読みとれる。多摩田園都市計画の地域は前にふれたように四五〇〇ヘクタール、用地の大部分の平均勾配二十度、しかもそのいたるところに「従来の宅地としては不適当な急傾斜の土地が散在し、これが開発上のネックになっていた」。つまり、土地造成によって平坦な更地を得ようとしても追いつかない丘陵地を逆手にとって、本来斜面は日照、眺望、排水、安全、通風などの点からみても人間が定住するにふさわしい場所だったし、現在でも世界の高級住宅地は「すべて高台の傾斜地にある」と言いきる。

さらに内井の司会によって構造および設備専門の松井源吾と犬塚恵三、集合住宅設計の経験豊かな藤本昌也、東急不動産開発部の酒井辛一、日本住宅公団多摩開発局の春原進によるいわば傾斜地開発の現場からのディスカッションがおこなわれた。「都市住宅」での数多くの座談会のなかでももっとも印象的だったもののひとつである。ここでは要約することもむずかしいほど細かな問題が連鎖して、斜面に建物をつくることのメリットとデメリットが検討されているのだが、大造成に対して自然地形保存形造成が必ずしも勝るわけではないし、構造上、設備上は

桜台コートビレジ。南側より第２ブロックを見上げる

むしろ面倒が多くなる。平坦地に比べて斜面はひとつひとつ違うからノウハウの蓄積も効率的ではなく、その都度知恵を働かせなければならない。企業にとっては時間がかかったぶんだけ金銭の問題になってしまう。けれども根本的な問題として、効率のよい平坦地を求めての造形は、山や丘陵の頭を切り刻んで谷に埋めていくと思わぬところで土が動いて安定しない。また平坦地に並ぶ集合住宅はどう取り繕っても貧しい住まいという印象から脱することができない。だから集合住宅が高級な住まいに変わる契機は自然との一体化にあり、この対象をあきらめるわけにはいかない。いってみれば、デメリットを十分に確認することで逆に集合住宅の理想を見極めようとした話し合いだった。

この特集号ではヨーロッパの事例も少なからず紹介されている。アトリエ５のハーレン・ジードルンク（一九六一年）をはじめとしてスイス、ノルウェー、スウェーデンに建つ集合住宅だが、ハーレン・ジードルンクを除けばすべてテラスが段状に重なって、当時はそれなりにかっこよく見えたのだった。けれ

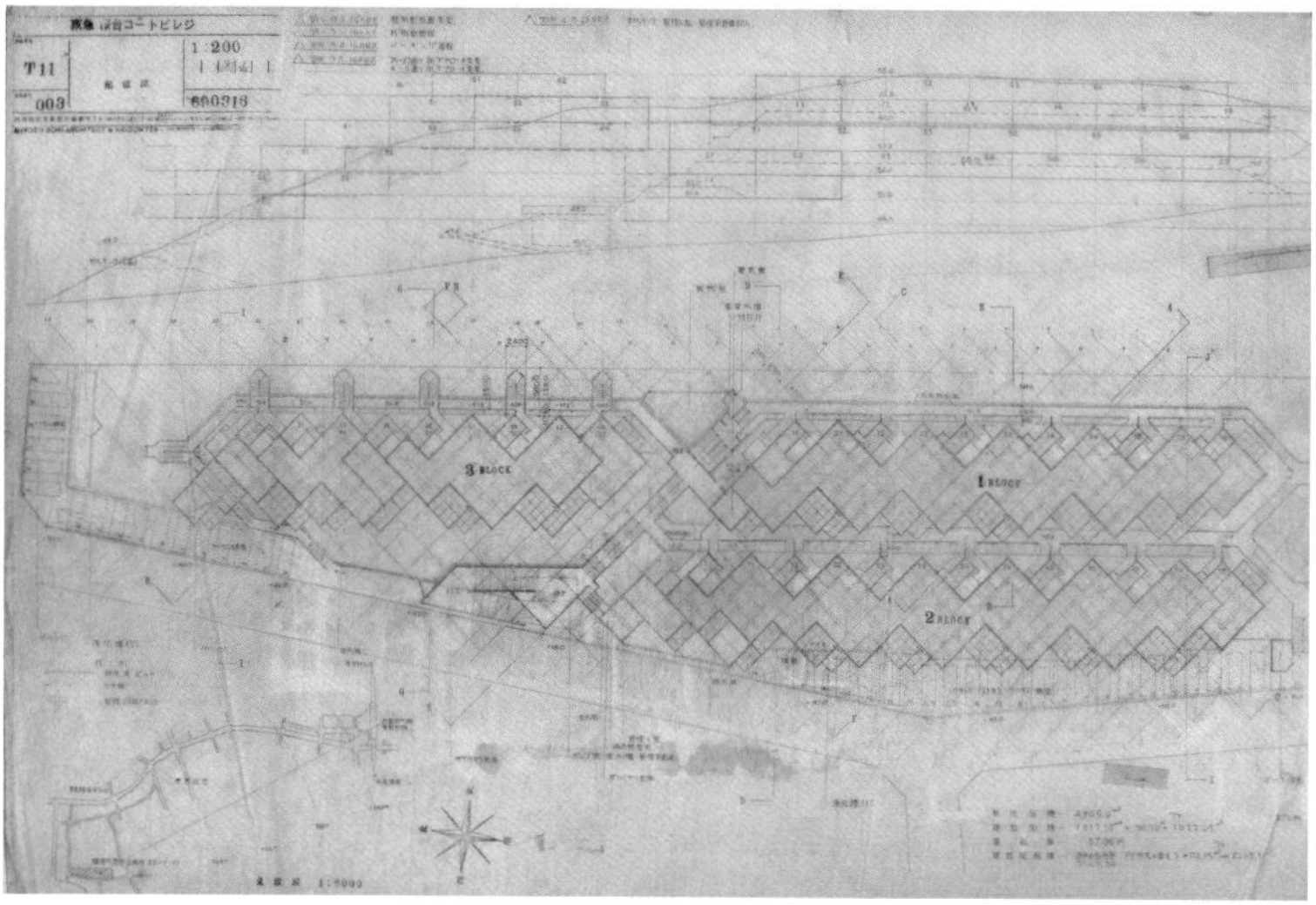

桜台コートビレジ配置図（左手・北側に第3ブロック、右手に第1、2ブロック）

ども内井たちには、そうした見栄えにまどわされることなく日本の風土にあった斜面集合住宅を求める合意があった。また内井の司会者としての準備のよさも印象的で、座談会の趣旨と内容をあらかじめ出席者に配り、計画を阻む問題点を周到に拾いだしながら、全体としては現在（当時）の日本の集合住宅の現実をまず洗いだす進行ぶりは、理想形を一挙に見せようとする直截さよりはつねにバランスをとりつつ考えている建築家の資質を感じさせたのだった。桜台ビレジにその資質はすでに反映されている。

　ほぼ一年後に桜台コートビレジ（一九七〇年）が完成する。桜台ビレジから歩いてすぐの、これも表通りに長く奥の浅い西斜面。しかも北に向かって下る尾根部という厳しい条件の敷地。これができてすぐに訪ねていったら、まったく新しい集合住宅が出現していた。

　当時のヨーロッパの段状集合住宅は何よりも重層するテラスの反復が迫力ある景観となっている。住む側からみればその広いテラスが上下の住戸を隠し、戸建て一軒が宙に浮いて前面の眺望を楽しむような

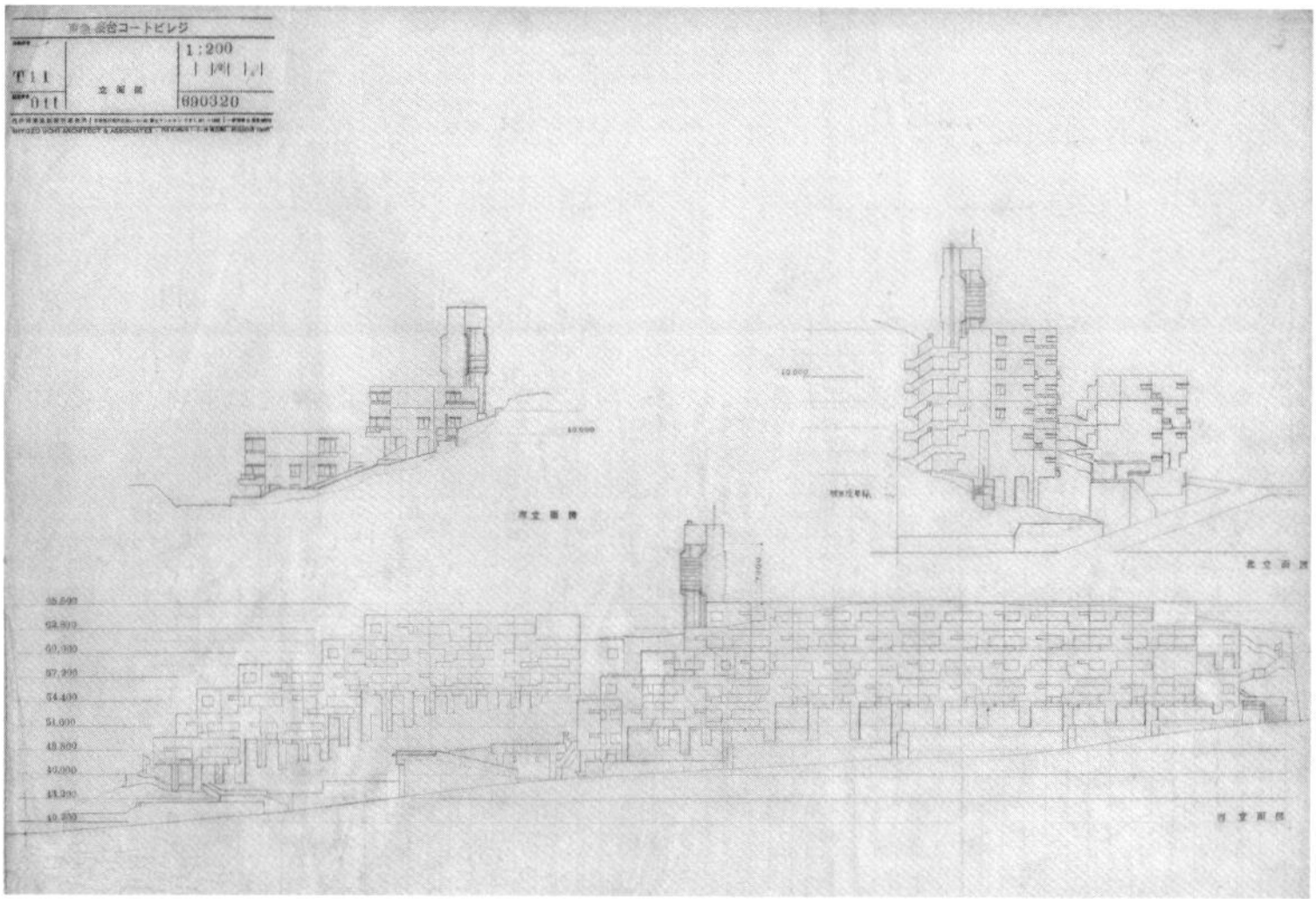

同南立面図（上左）、北立面図（上右）、西立面図（下）

気分だろう。アクセスはコンターラインと直角に交わる階段あるいは坂道だから、登り降りするときに他の住戸の入口ドアの前を通ることになる。そういう直截な構成が多い。こうした重層構成は複雑かつダイナミックな方向に向かい、人工物そのものが山のような量塊になっていく（ポール・ルドルフの「スタンフォード港計画」、シーザー・ペリの「サンタモニカ都市核計画」など）、いいかえればそこでは自然が消える。それでも実現したものを見てみたい気持ちはあった。多くは計画案のままにとどまったが。

桜台コートビレジではこうした段状住居の構成があまり感じられない。近づくと高いピロティとその足元にわずかではあるがあらわになった法面がまず見え、中央奥の高みにそびえるタワーとそれに向かって斜行する階段が、全体は建物で覆われてはいるものの地形形状をすぐにわからせてくれる。住戸は南に向けて四十五度振られている。桜台ビレジのようにテラスだけではなく住戸そのものが雁行し、しかも連続していて、見る角度によってはテラスや開口部より壁面が大きい。ピロティ上の住戸は道路に

桜台コートビレジ3ブロック前通路と外階段

張り出している。まるで崖の上の果樹がたわわに実る枝を突き出しているみたいだが、連続する壁面を正面から眺めると一転して整然とした静かな様相に変わり、その静けさは奥の住棟のブロックにまで重ねられていく。体験的シークエンスがつねに動と静に切り替えられるのである。

圧巻は内側の通路である。中央の階段を境にして、南側の第一、第二ブロックでは南北を一直線に抜ける二列の住棟間の通路と東端の通路が並行している。前者では東側住棟（第一ブロック）の雁行する高い壁面が通路上部に張り出し、反対側は西側住棟（第二ブロック）の各戸入口への折れ曲がった階段が次々と眼下にあらわれる（本書一八一ページ）。東端の通路では同様な住戸への階段とふたたび土の地肌を見せた上部の法面とが相対して、集合住宅でありながら自然に抱かれた密やかな場所をつくりだしている。

この二本の通路は中央のタワーと階段を介して北寄りの第三ブロックの通路にごく自然に連結しているが、こちらは北に向かうほどに下がっていく地形であり、上下二層の住戸を一列しか並べられないほどに先が狭まっている。それを逆手にとって、下の住戸には通路と同じレベルだが入口ドアまでの奥深いアクセスをとり、上の住戸へのアクセスには通路の上部をまたいでフライングする外部階段を五ヵ所、断続的に設置している。これが南側の二本の通路とは趣を変えたトンネル状の景観をつくだしていると同時に、一直線の通路を北に向かって少しずつレベルを下げていく調整部分ともしているのだ。通路は北端部で折れ曲がり、お立ち台のようなひと呼吸入れる場所を介してさらに下がり、表の道路に結びつ

宮崎台ビレジ。西側より見る

く。反対側の南端部でも二本の通路が折れてつながり表道路にいたる同様のまとめ方になっている。

桜台コートビレジには強く高みに張り出す住戸の壁面と深く沈むアクセスと隙間があり、それを南北三本の通路と中央大階段によって網の目状に組織して内部化している。住む人にとっては通路から先のアクセスから自分の住まいが始まるのではなく、このように内部化された全体、さらには静と動の二面性をもつ外観からすでに自分の住まいになっているにちがいない。それは集合住宅という共同体によってでなければ得られない大きな住まいでもあるのだ。

その翌年（一九七一年）には早くも多摩田園都市開発の第三の集合住宅、宮崎台ビレジが完成している。渋谷から現在田園都市線で十一番目の宮崎台駅から五〇〇メートルの地点、前二者の最寄りの青葉台駅はその八つ先だし、駅からの距離も宮崎台ビレジに比べるとやや遠い。北斜面ではあるが敷地も宮崎台がいちばん広い。ついでに、当時の発表誌（「都市住宅」一九七二年一月号）に三者の比較を内井事務所がまとめているので、それを参照すると、宮崎台

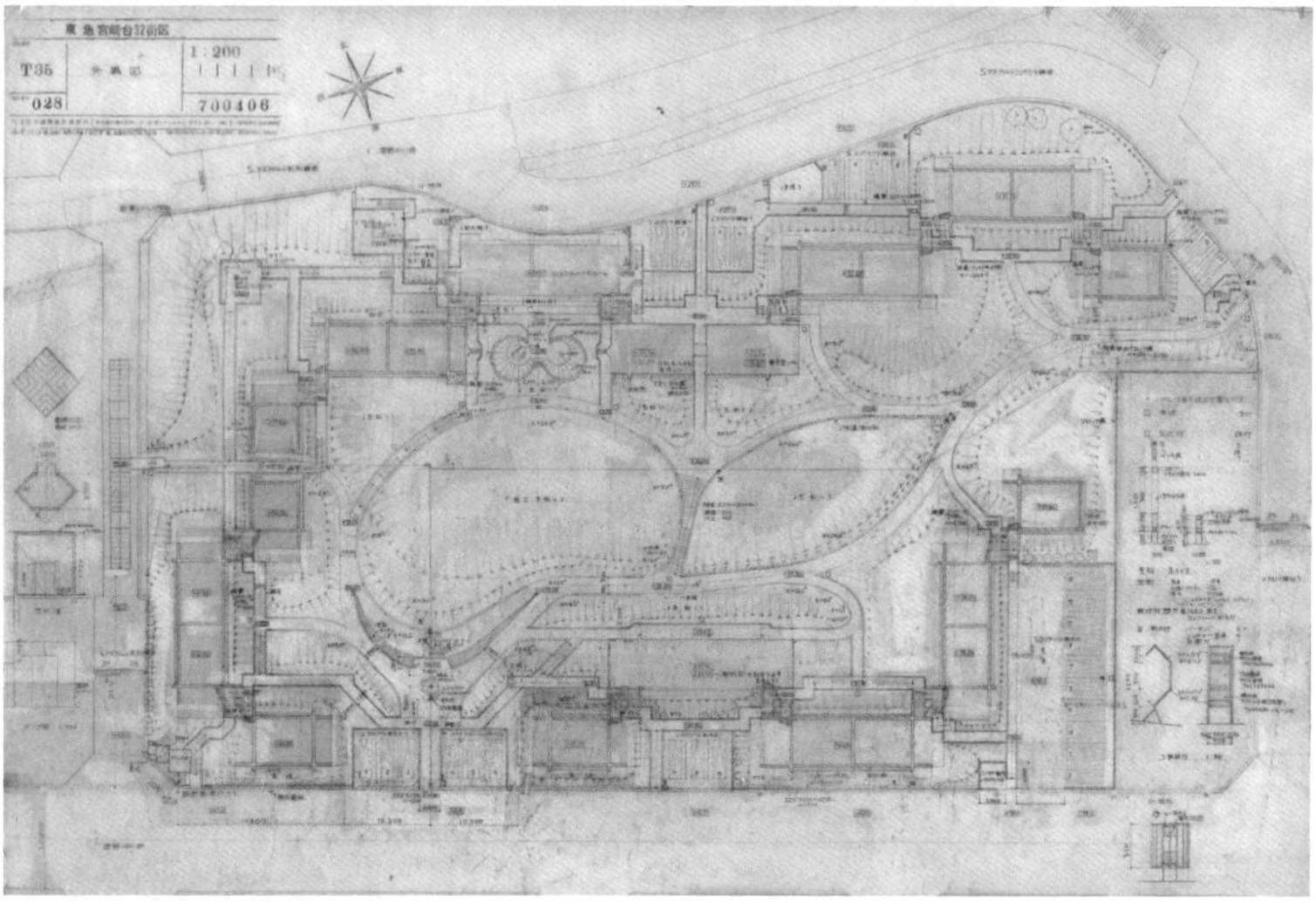

宮崎台ビレジ外構図

の建蔽率の低さ（一九・二パーセント。桜台ビレジは四六・九）、一戸あたりの専有面積の狭さ（六四・八平方メートル。桜台コートビレジは一〇九・〇）、さらにテラス面積の狭さ（三・一二平方メートル。桜台コートビレジは一二・二四）が歴然としている。しかし集会室施設があるのはここだけ。これらの数値は施主からの注文を内井事務所で調整し再提案した結果ではあろうが、与条件として考えれば立地も関わって若い通勤者家族のベッドタウン的団地の様子が見えてくる。新しい集合住宅を提案するうえではかえってむずかしい課題なのかもしれない。

敷地は広いが勾配もダントツに急である。その四周を取り囲むように住棟が連続する。すべて同じ住棟ユニットで一貫し、しかも階段室シャフト、テラスと収納の突起など個々の機能がすべて凸凹、開閉といった表情に可能なかぎり還元されている（と意図したように思える）ので、住棟の表裏や高低の表情が弱まり、地形に沿って並び、中庭を囲う生活のテクスチャーだけが意識される結果となっている。住棟を箱形に切り離さない。折り曲げるのは九十度。

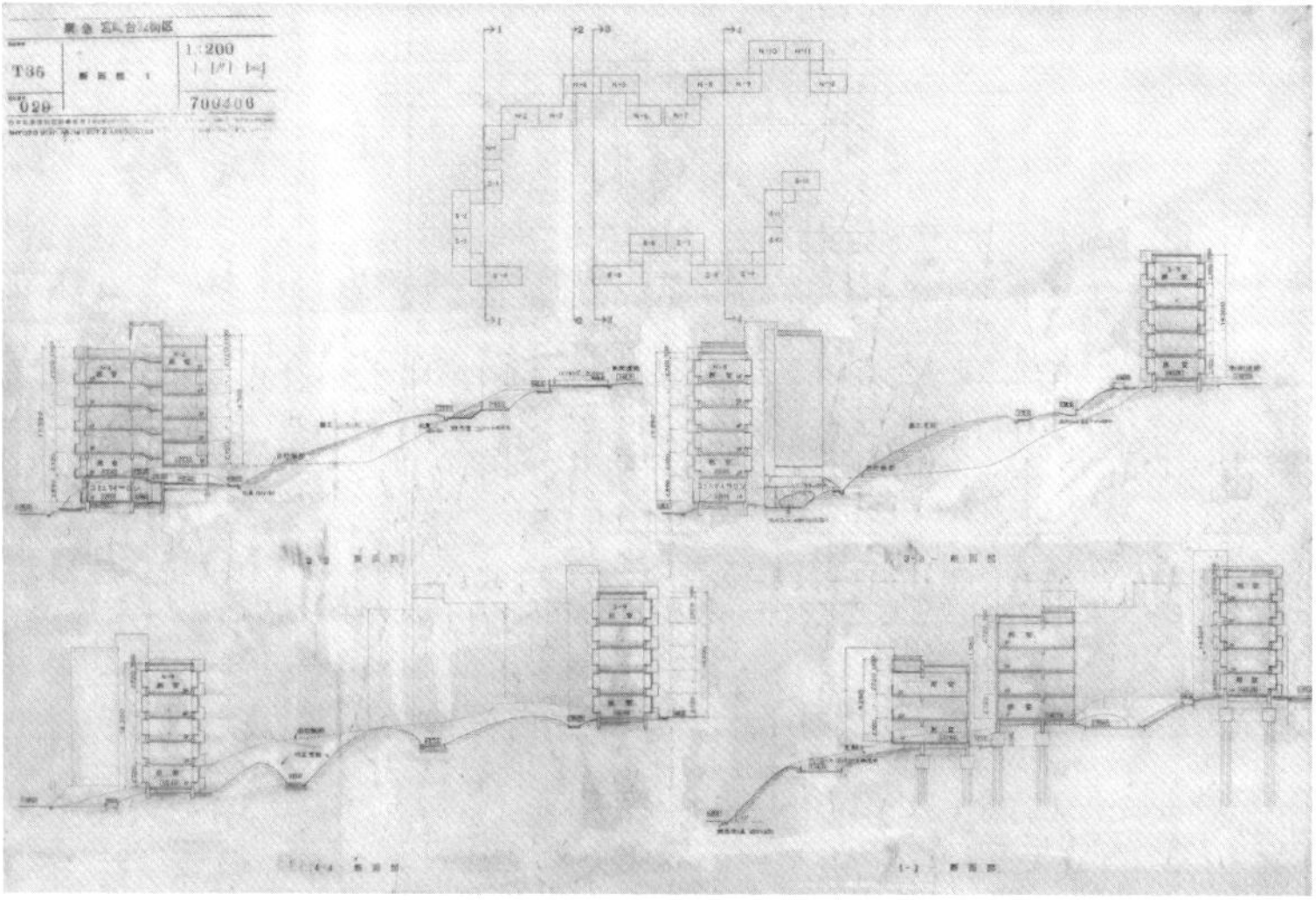
同断面図

それ以外の角度は採用しないという基本がじつはこの団地のもっとも個性的な光景につながっている。この取り決めから、高低の結節点になる回り階段からスキップ状に住戸へのアクセスをとっているために階段室が半ば公共的場所を兼ねる解決や、中庭の道の地形に沿った曲線が直線直角を主調とする住棟や住戸へのアクセスと対照的に見せる外構デザインが、ごく自然に決められていったにちがいない。

田園都市開発計画構想として実現したのは以上の三団地である。当初は沿線の江田、鷺沼、市ヶ尾などのおもに斜面地での集合住宅計画、さらにはこれらの各地区を結ぶ拠点構想が図面や模型として残されているが立ち消えになった。このあたりの事情やその後内井が手がけたいくつもの県営・市営住宅や民間集合住宅を割愛して、三団地の現状を見ておく。

桜台ビレジと桜台コートビレジはその後何度か訪ねているが、とくに桜台ビレジは中庭に植えられた桜が大きく育ち、傾斜面に広がる枝葉が圧倒的な美しさを見せている。相対する住棟はいまはその緑を通して垣間見るという関係になったが、これこそ内井の構想の実現というべきだろう。また桜台コートビレジの樹木も太く高くなり、とくに北端部分ではこの場所に人を迎える小さな森の趣を呈している。住棟の壁は打ち放しコンクリートだったのをペイント仕上げに変えてはいるが、通路と住戸との隙間を埋める緑はいっそう多彩を極め、住まい手同士の関係の成熟を感じる。

宮崎台ビレジは一九七一年の取材以来の再訪である。ここでも起伏の変化が豊かな場所にその広大さにふさわしい自然が引きこまれていた。樹種の多様さと地形なりの道のためか、日本庭園のような趣になっているのがおもしろい。囲われた住棟の外側、北西角の高台を守る大木はここを百年前の屋敷跡かと思わせる。内井の建築構想そのものが樹木の姿と重なって見えるのである。

桜台コートビレジについては以前住んでいる方への取材を含めた現在の状態の報告をおこなったことがある（『集合住宅物語』みすず書房、二〇〇四年）。今回は桜台ビレジに住まわれている建築家、猪又康之さんに話をうかがった。

工事中にすでに現場を見にきたという。「とにかく何もないところで、ここだけ建てていました」。それは私も同じような記憶で、街はなく建築がまず始まりつつあった。いまは猪又さんは表通りの店舗上部の住戸をアトリエに、反対側のブロックに二ユニット、たまたま隣り合ったのが購入できて、それを住居としている。理想的な職住の距離である。住人には建築、芸術、編集などの仕事をしている人が多い。単身者あるいは七十代後半を迎えてリタイアし、悠々自適の夫妻なども少なくない。いまとしては一住戸の面積がちょっと狭いのも原因だろう。子供たちが成人してこのなかのもう一住戸を買うケースもあるようだが、上下階ユニットや猪又さんのように隣接するユニットが手に入った場合、床や境の壁を抜いてメゾネットにしたり、広くしたりできればよいのだが「躯体はいじめない方針なんですよ」。クーラーをつけるのも壁に孔を空けるのは不可。ガラスを通すしかない。たしかに見た目にも華奢である。「だいたい構造計算書が残っていないんです」。店舗の前に並ぶ独立柱も細いので補強したいのだが、一本あたり百万円ということで、とりあえずは将来計画としているらしい。

「もとはといえば施工があまりよくなかったんだな。雨漏り箇所を見つけるのがひと苦労で、これは建築の複雑な形からも来ている。補修するにしても足場が掛けにくいしね」。つまりデザインにも関わってくる問題点だが、住む側もまず予想して当然の、補修費用を積み立てておいていざというときに備える考えもなかった。桜台コートビレジでも聞いた話である。鉄筋コンクリート即メンテナンスフリーという先入観が一般には植えつけられている。定期的な補修は不可欠という意識改革から住民全体の交流が始まったと桜台コートビレジで聞いたが、ここでも同じ。それは建物だけではなく植栽などにもついてまわる問題で、大きく育ち美しく花咲けば万事よしではすまず、日々生活の場では始末に困ることもあるのだろう。二〇〇六年には擁壁を積み替える必要もあって桜を六本も切らざるをえなかったという。住民の賛否の声をコントロールする役も猪又さんが仰せつかっている。

時代の枷《かせ》もある。「熱源が当時のオイルから現在のガスに切り替わったときは、キッチンユニットとバスユニットのあいだにあったボイラー室のスペースに余裕ができるなどよいこともありますが、当時の水平配管はスラブを貫通するのが一般的で、やり替えが必要になると下階に影響が出ます」。設備は新しいぶんだけ古くなりやすい。集合住宅という新しい建築が急速に古くなり、本格的な再生手段を講ずることなく見捨てられていく原因のひとつかもしれない。しかもバリアフリーという至上命題も迫ってくる。斜面形集合住宅のよさをこれが一気に押しつぶすかもしれない。「中庭の中央階段はつくりなおしたんです。当時の施工では段差が少しずつ違っていたんですね。最近ようやく斜路と手摺をつけ、表通りとのあいだに門扉をつくりました。侵入者に対する処置でもありますけれど、ここでは盗難事件が一度もないんです。ビンボー人ぞろいだっていうことが知られているのかな（笑）」

猪又さんのアトリエは六畳二部屋の襖を開け放ち、キッチン・ダイニングと居間も一室空間にしている。

南に向けて振ったテラスから反対側のテラスまでが住戸内で見ると弓形になり、いかにも光や風の通り道となっている。

猪又さんにはあえて問題点を話していただいたのだが、しかし集合住宅、とくに民間の分譲住宅では人とのつきあいなどよりずっと厳しく、モノとしての建築を維持管理してやる必要があり、それが住人全体の共通認識として大前提である。木造一戸建てから鉄筋コンクリート造集合住宅となると、とたんに浮上するのがこの意識だ。店舗の看板も以前はやりたい放題に派手だったのを規制し、音や排気など生活環境に支障が出る店種は受け入れない方針である。住居地区への手入れを怠らず、森林保全に努め、道路を整備し、商店への目配りを欠かさないとなれば、桜台ビレジは小さいながらもひとつの街である。かつてここ一帯に街はなく、この百二十四戸だけがまず出現した。現在は大きなにぎわいを見せている周辺だが、それは街といえるのかどうか、そのなかで桜台ビレジという街はまちがいなく持続している。

内井による三つの団地とほぼ同じ時期に、当時の日本住宅公団百草団地（一九七〇年）で十四戸の段状住宅（斜面地実験住宅、セットバック住宅とも呼ばれた）が実現しているが、あくまで試みにとどまっている。これについても私は前に報告したことがある（『集合住宅物語』）のでこれ以上はふれないが、斜面を生かす計画はその後の展開がみられない。一九八〇年代には安藤忠雄の「六甲の集合住宅」（第一期、一九八三年）が出現するが、これは稿を改めて考えたい。そして内井自身はその後公営・民間の郊外型集合住宅を手がけているが、興味があるのは都心に建つ集合住宅である。一九五〇年代の終わりから菊竹清訓が描いた塔状都市のビジョンは多摩田園都市という場を得て現実の計画へと向かったが、実施される機会を失い、しかし代わりに、おそらくは菊竹の意に反する超高層住宅が都心に次々と出現して現在にいたっている。内井も都心に建てるとなれば、垂直形をめざさざるをえない。その解答の方向性を見たかった。

目黒不動前マンション（一九七七年）はそのひとつである。十二階の打ち放しコンクリートの量塊があえて閉じた壁面を強調するような端正な立ち姿である。動線としてエレベータが不可欠なら、そのホールと住戸入口との関係を工夫した（上下半階ずつずらしている）点などに、解答というよりは課題のありかを示している。

さらに二十五年後に突然異形が出現する。元麻布ヒルズ（二〇〇二年）はデザイン監修ではあるが、内井のイメージはそのまま形になったのだと思う。ビル風や日影に対する配慮の結果であるという。

私としては正直首を傾げてしまう形態だが、ここには内井の原点ともいえる何かが隠されている。桜台ビレジや桜台コートビレジの最上階あるいはピロティ上の住戸、また茨城県営土浦ひばりアパート（一九八〇年）などいずれも上部が張り出した、いわば頭でっかちの形が多い。しかしその上下のボリュームは分節されている。他の建築家の手によるものではあるが、たとえばBBPRのトーレ・ベラスカ（一九五八年）や菊竹清訓のパシフィックホテル茅ヶ崎（一九六七年）などはより元麻布ヒルズに近いポイントタワー型ではあるが、そこでも上下の分節こそがデザインの決め手になっている。そこがヌルリと連続している「元麻布」の形には確信犯的な意図、突きつめれば現在の垂直型集合住宅への異議申し立てがゼッタイにある。多摩田園都市での経験がここにも生きていないはずはない。内井自身による樹形イメージのスケッチも、性能的な裏づけも彼の突然の死によって未完成のまま終わってしまったが、この形は一度見たら忘れることができない。その隠された不可解な部分が解明を待っている。

多摩田園都市に実現した三つの斜面集合住宅の各住戸と団地の内側全体とを結ぶ、私と公とを結ぶ緊張と充実の空間は、世の中にまだ私と公の関係が平衡していたからこそ成立しえたのではないか。もちろん、いまだって集合住宅計画といえば私領域と共有空間が設計のポイントである。現実には形骸化している。内井はそこを知りつくしつつ、回復する手だてを考え抜いていた。集合住宅の設計とは、時代とともに洗練される技術ではなく、それぞれの時代を隠しようもなく映し出してしまう様式に近い。内井が探っていたのは、だからその次の様式だった。

晴海高層アパート

日本住宅公団晴海高層アパートを屋内にまで入って見ることができたのはすでに取り壊しが決まってからだったが、些細な部分で記憶に鋭く残ったものがある。住戸の南側のバルコニー、そこではごついプレキャストコンクリートの手摺が何よりも印象的なのだが、その手摺から軒裏へ斜めに鉄のパイプが二本、ワンスパンの間隔を置いて渡されている。そのパイプの三ヵ所に輪が等間隔に溶接されており、ここにバーあるいはロープを張り渡して物干しに使う。つまり三段の高さになっているから大小の洗濯物にも対応し、同時に下から見上げると手摺の陰にほとんど隠されてしまう。民間のマンションで洗濯物を露出させないという規約のもとに、手摺の高さにつくりつけにした物干しを見たことがあるが、あれではせいぜいシャツぐらいしか吊るせないし風通しも悪くて使いものにならないと思っていた。この三段の物干しなら具合がよいし、使わないときはバーなりロープを外して手摺の窪みに収納し、パイプ自体は壁沿いに垂直に折りたたむことができる。この小さな工夫に妙に感心してしまった。

物干し金物は既製品ではなく、この高層アパートのために設計されたものである。もちろん構造体全体と住戸の組み合わせが設計の主眼である。三階おきにエレベータ停止階をとり、その通路を広くとっ

次ページ・晴海高層アパート北側外観。
3・6・9階の共用廊下と庇が張り出している

バルコニー。物干し用に設置されたパイプ

ている点をはじめ、住戸内も独創的だ。従来の集合住宅の設計手法をご破算にしてすべてを白紙から考えはじめた。どんな小さな部品まで特注で設計された巨大ロボットと同じで、斜めの物干しパイプが印象に残ったのは、その末梢神経を見たからだ。

晴海高層アパートは、ある意味では一般的な板状集合住宅と変わらない。しかし、南北両面の長い住戸の集積が連なる立ち姿は、ただ板状と言うだけではすまされぬマッシブな量感が迫ってくる。建築そのものを踏み抜くようなこの力は、設計の異常なまでの一貫性とつながり、独自の大きさをもたらしている。たとえば宮崎駿の「ハウルの動く城」も途方もなく大きいが、そこらへんにある古びた小屋や町家、工場の一部やくたびれた煙突やらをあちこちから集めたブリコラージュである。ガチャガチャと動いているうちに窓のひとつが落っこちてもかまわないくらい。だいたい、ひとつのドアがそれぞれ別の町や国に通じている。想像圏に開かれたこの大きさにたいして晴海高層アパートはむしろ閉じた大きさによって人を別の世界に誘っている。一九五八年、戦後十余年の時代に実体として出現する建築はそのような特異な大きさを帯びていた。

晴海高層アパートの概要を整理しておく。地上十階、塔屋一階。高さ三〇・九メートル、一九五八年竣工、一九九七年解体。東京都中央区晴海一丁目、すなわち日本住宅公団晴海団地内に建っていた。

この団地は約三・二ヘクタールに全十五棟、六百六十九戸。中層十棟二百九十戸（賃貸）、三棟百二十戸（分譲）、計十三棟四百十戸のほかに「一階マーケット店舗付き単身者住宅・別途」と「高層共同住宅・別途」が加わる。この後者が晴海団地十五号棟、すなわち当の晴海高層アパートである。この一棟で百六十九戸。設計は日本住宅公団、前川國男建築設計事務所、横山構造設計事務所、施工は清水建設。全体の平面形は一一〇・三四メートル×七・四メートル（柱スパンにすると一二・六二メートルの九スパン×七・四メートルの一スパン）の長方形の輪郭、それが建ち上がった形は高層というより薄い板状で、タワーとはいえない。これを四層のメジャーストラクチャーで架構し、その第一層に一階分（最初はピロティとする予定だった）、第二、第三、第四層はそれぞれ三階分のマイナーストラクチャーで小割りしているから、全体で十階建てである。

バルコニーのある南面を見上げる

　最上階まで鉄骨を通した鉄骨鉄筋コンクリート、純ラーメン架構の巨大なフレームは、桁行方向表裏の立面に強くあらわれている。縦に重なる三住戸と横に隣り合う二住戸、合わせて六住戸が巨大フレームの一単位に収まる。妻側両端の非常階段室はほぼ壁で囲われているから、住戸の連なりと重なりは側板を張った棚に収まった抽斗のようにも見える。

　板状で特異といってよいほどの薄さの印象は、ここに挿入された住戸が日本住宅公団の中層棟における標準設計の住戸とさして変わらない広さ（2DK）のままであり、それが全長一〇〇メートル余、高さ三〇メートルに引き伸ばされた架構に収まっているからである。一般の中層棟のプロポーションとは違ってしまう。しかも南面では張り出したバルコニーのプレキャストコンクリートの手摺が全面に彫りの深いテクスチャーをつくりだし、道路に面した北面は三層おきの廊下の庇と南面と同じプレキャストコ

廊下階の共用廊下。左手に引き戸の住戸入口

ンクリートの手摺とで、これまでのような各階の片廊下が重なるパターンとは違う抑揚のあるファサードになり、架構体そのものは圧縮された芯材のようにも見える。

そのメジャーストラクチャーの脚元は踏んばるように開いている。これで薄い板状の表情は一変する。天に伸びる姿ともなり、それは周囲の、また東京中の集合住宅がはるかに巨大に、とくにタワー状に高層化していくなかで、解体される直前まで他にない姿だった。

脚元が最初の計画どおりにピロティになっていたら、前後に開いた列柱はそこに確かなスペースを確保したにちがいない。しかし公団側の意向により住戸で埋められ、さらに二階住戸の勝手口（玄関はその反対側の南端に直結する）である円筒形の階段室が七基、棟の外側に分離林立するというかたちになる。

西側から数えて四番目の一スパンはエレベータ、中央階段室、予備室に当てられる。いいかえればそこから西に三スパン、東に五スパン分の住戸が並ぶ（一スパン二住戸）。三層ごと、すなわち三、六、九階の廊下階にのみ止まるエレベータから北側は端から端まで吹き放ち廊下で、住戸はそこに面している。玄関ドアは鉄製引き戸。廊下は構造柱のところでは狭くなっているが、各二スパン内では幅広に（子供なら遊べるくらい）張り出しているから、この廊下を玄関前で共用する二住戸が大フレームのなかの一単位であることが印象づけられる。

そして廊下が柱によってそばめられたところから直角に、耐震壁を挟んで上階と下階、すなわち非廊下階にアクセスする階段がある。昇りきった、あるいは降りきったところが小さな共用スペースで、ここに非廊下階の二住戸の玄関ドア（今度は開き戸）が向かい合っている。つまり廊下階ではスパン内の二住戸一共用単位だったのが、非廊下階では構造柱と耐震壁を挟んでの二住戸一共用単位になる。非廊下階住戸は打ち放しコンクリートとコンクリートブロックの壁の隙間のけっして広いとはいえない階段を使わなければならないかわりに南北に開口が抜け、両面採光と通風に恵まれている。どの住戸も2DKの間取り。廊下階住戸とは広さにやや差がある（廊

廊下階と非廊下階をつなぐ階段

非廊下階住戸

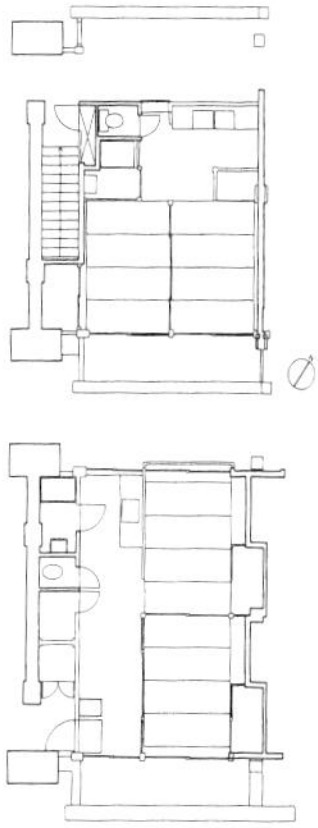

平面図（1/400）
上・廊下階住戸。
下・非廊下階住戸

下階は三五・七平方メートル、非廊下階は四四・八九平方メートル）。

一階は住戸がいちばん広く、アクセスも楽で庭もある。南北に開口がとられているので通風もよい。しかし上の九階分がメジャーストラクチャーとマイナーストラクチャーの構成を見た目にも歴然とさせ、その内部も共用スペースでまとまるのに対し、エレベータも入口前の円筒階段室もすすんで使用することがなければ二階以上の住戸から切り離された生活になってしまう。つまり一階の住人同士は庭伝いの交流ができるが、たとえば二階の住戸を玄関から訪ねようとすると、エレベータで三階まで行き、そこから階段を一階分降りることになる。勝手口を訪ねるなら円筒形階段室を昇ればよい。いいかえれば二階の住人すべてが日々このふたつのアクセスを使っているわけである。一階に入口ホールがあり、ここで表通りと南の広場が連結され、その脇の一スパンが管理事務所と住居にあてられている。

架構と住戸との構成がけっこう入り組んでいる。その住戸内部にも、また意表を突かれる。

廊下階では、廊下に面したコンクリートブロックの壁に前にもふれた鉄製引き戸が並んでいる。剝き出しの素材感は悪くない。その引き戸を開けるとそこは板の間で、左手に台所、右に浴室・便所、奥の南側に和室二室が並ぶ。田の字プランといってもよい。二室とも同じ六畳弱の広さだが、畳は四枚、変形畳である（九〇〇ミリ×二四〇〇ミリ）。例のごつい手摺のバルコニーが間口いっぱいについている。

対して非廊下階住戸は、上の間取りを九十度回転し、浴室・便所を階段（一方の住戸では物置）とともに耐震壁側に並べたために、和室二室と通り庭風の台所兼多用室の板の間が南北に抜けている。この住戸では畳の変形ぶりがいっそう際立つ。八枚の長い畳がずらりと一列に並んでいるからだ。つまり四畳

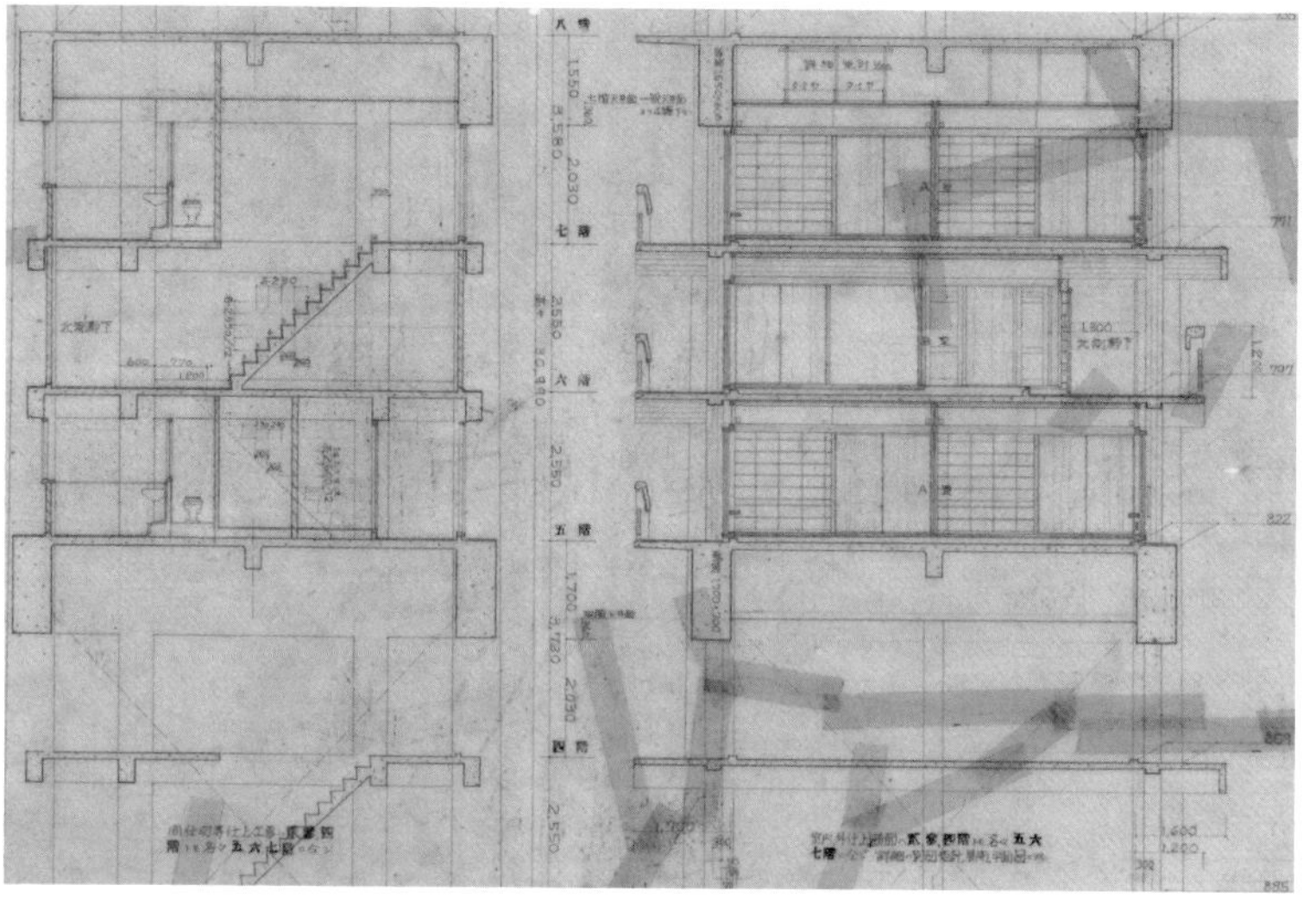

断面図（5-7 階部分）。6 階が廊下階

半でも六畳でも八畳でも、ある求心性を感じさせる従来の敷き方が幾何学パターンに強引に移し変えられたような印象で、そのパターンに準ずるかのごとくガラス開口部のサッシ割りは正方形、上下左右の余った端部はリボン状に細長く残されているという思いきりのよさ。全体の架構から住戸構成、そして畳の寸法から敷き方まで慣習的な決めごとが徹底して排除され、結果としてこれまでの住まいの光景が大きくずらされている。当時のこれからの集合住宅の基本が提案されているにちがいないのだが、独自の性能をめざしているとも見えてしまう。冒頭にふれたバルコニーの物干し金物がその「末梢神経」のひとつであるとすれば、建築全体はまるでこれまでに見ない生きものである。

晴海高層アパートは、「新建築」誌では一九五七年一月号にまず計画案として発表された。八ページに折り込み四ページ分を加えて、当時としては大きな扱いだったにちがいない。南面から見た模型写真が折り込みをめいっぱいに使ってレイアウトされている。撮影は平山忠治。平山さんの模型写真はどれも建築の立体感を克明に見せるアングルとライティングが迫真的で、どの建物だったか、もう実際に竣工したと思いこんで現地を訪ねた人がいたという伝説が残っているほどだが、晴海の模型写真からも設計コンセプトがよく伝わってくる。地上階にはすでに住戸が入っているがピロティのように開かれても見える。二階への円筒形階段室はこの段階ではまだつけられていない。

前川建築設計事務所の大高正人、河原一郎、奥村珪一、大沢三郎、横山構造設計事務所の木村俊彦が表現、技術、都市、構造設計などの視点から文を寄せているが、いちばん驚いたのは前川國男の巻頭言である。「蓄積」というタイトルがついている。

「「ベニヤ」というのは「合板」のことであると思い込んでいた建築家がいた。いうまでもなく「ベニヤ」というのは「合板」をつくる素材である「単板」を意味するのであって、「合板」という意味の英語は「プライウッド」である。「ベニヤ」という字はいつの間にか「プライウッド」の日本名となってしまったものらしい。

私たちの周囲は、考えてみるとこうした誤解にみちみちている。その上、こうした誤解の上に立った議論がはなはだしく空転してお互のエネルギーを浪費している。反訳文化のもつ宿命のひとつであろう。

しかし皮肉な考え方をすれば、こうした誤解にもとづく議論の空転が逆に乏しきを分つ九千万の人間の生活手段のひとつに役立っているのかもしれない。ずいぶんシンドイ話である。

われわれの近代建築がその完成度を一歩一歩高めてゆくことによってはじめて民衆の信頼と愛情とを深めて行くのに相違ないのであるけれど、そのために必要な持続される労苦、倦むことのない蓄積がこうした「シンドイ」風土の裡にどうしたら育つのであろうかと、私たちはいつも考えさせられている」

自分たちの、それもとりわけ重要な建築計画を世に問うにあたってその対象には一言もふれないで、新しい時代に向かう高揚がそのまま近代建築なんてこの風土に育ちようがないというシニカルな不思議な一文である。そもそもこのころの建築家たちは作品発表の際、それについて得々と謳いあげることが少ない。建築そのものは黙って見てくれればわかる、みたいな感じで、たとえば吉阪隆正などもそうだがむしろ失敗や反省に言及し、でなければ一見無関係な話になる。いいかえれば自分の手がける建築が社会に根づくことにそれだけ本気なのである。前川のこの一文ほど新しい建築を迎えることになる時代状況を彷彿させるものはない。同じ発表誌面にある晴海の断面スケッチには「住戸細胞」と当時はなじみのない言葉がある。ユニテ・ダビタシオンという用語の影響があったのだろう。「反訳文化のもつ宿命」と前川が書くとき、それは自分たちをも巻きこみかねない力に対する抵抗でもあったはずだ。

その二年一ヵ月後の「新建築」一九五九年二月号に完成した晴海が登場する。いや、もう生活している姿である。そのためか住戸内写真はわずか、しかも他誌による提供となっている。興味深いのはその住戸の平面計画の最終決定までのプロセスがここではじめて紹介されていることで、担当者の苦心と工夫が読みとれる。廊下と住戸との連結、住戸そのものの考えられるかぎりの可能性が検討され、そのなかで板の間や畳の間が最後に独特な構成になるのは、必然的に整えられて「台所」や「和室」から脱け出した姿なのだということがよくわかる。そのほか図面としては矩計図、木製の建具まわり詳細、プレキャストコンクリート製手摺詳細などが設計の力点を端的に示している。

さらには「晴海高層アパート――将来への遺跡」と題して、川添登が晴海高層アパートにおける鉄筋コンクリートの意味を的確に論じている。「人類は廃墟を必要とする」というキャッチフレーズから始めて、鉄筋コンクリートは重く、改築のむずかしい不変の素材であるために都市の建設に百年の計を盛りこもうとする。そこに人類の夢があるのだという。「千年、万年の後に偉大な廃墟となり、遺跡となるであろう建築あるいは都市、そのようなものこそ、真にわれわれが目指し創ろうとしている建築や都市なのである」。晴海は建設費を主体構造に注いでいるので、仕上げは質素だが「ビクともしない建築表現の逞しさが、逆に人びとに積極的な生活の姿勢を与え」そこから生活の知恵も生まれてくるのだ、と。

その意味での未来に向かう廃墟、遺跡であり、建設省や公団がつくってきた「アパートという名の不燃スラム」とは異なるものであり、またほぼ同時期にやはり日本住宅公団の大阪に建てられた西長堀アパート（一九五八年）が同じ高層集合住宅でありながら、仕上げに比較的多くの費用をかけてデラックスに見せているのとも違うのだと論じている。

川添はさらに、もっとも金のかかる建物はスラムであり、もっとも安上がりな建物はゴシックの大伽藍だというルイス・マンフォードの言葉を引き合いに出して、百五十年、二百年を単位とすればそれが当然で、この大伽藍こそ「わが廃墟と呼ぶにふさわしい」と述べ、さらにはトール・ヘイエダールがイースター島の巨石像について、考えごとは星の下でひとりで考えるのがいちばんよく「土地を正しく知るためには、そこでねむってみなければならない」と言っているように「いま私は、星の下で、晴海高層アパートの屋上に立って、未来の東京湾の空気と一体になろうとする」と書く。このような共感が浮わつくことも大仰になることもないのは、「人類は廃墟を必要とする」という一見逆説的な自分への問いかけをみずから解読していく作業が終始一貫しているからだろう。

それればかりではない。ここにはさらなる問題展開の手がかりがある。その数年前、川添編集長時代の「新建築」が対比的に評価した丹下健三の東京都庁舎（一九五八年）と村野藤吾の読売会館・そごう百貨店（一九五七年）は庁舎建築と商業建築とビルディングタイプが違う。それに対して、この論で彼が比較している晴海と西長堀は同じ高層アパートであるために、さらに強烈なコントラストが浮き彫りになる。それを東と西との対照とみることもできるだろうが、その後集合住宅がコマーシャリズムに次第に傾いていき、現在の都市景観となっていることと関連づけないではいられない。その晴海が消え、西長堀がいまも残っているのは皮肉な結果だとはいえ、川添の指摘は予言的でもあった。

また「人類は廃墟を必要とする」は、その三年後に描かれる磯崎新の「孵化過程」（一九六二年）を連想せざるをえない。川添の言う「廃墟」を忠実に絵

次ページ・解体時の住戸内。
廊下階の床と天井が剥がされている

にしたように見えながら、反語的な姿勢に貫かれている。時間のファクターを入れればそれが読める。さらにはギリシャ神殿の柱を異常にスケールアップ（スケールアウトとさえいえるほどに）することで、たとえばゴシックの大伽藍の「廃墟」的意味あいを裏切っている。またこのコラージュ・スケッチと同時期につくられた「空中都市計画」（一九六一年）、それに前後する「新宿計画――ジョイント・コア・システム」（一九六〇年）「空中都市――丸の内計画」（一九六三年）などを見れば、それらの不穏なまでの巨大さはまさに「アンビルト」のスケールによって現在にまで生命を保っている。

この集合住宅が出現したとき、私はまだ建築の世界に関わっていなかったこともあり、晴海を紹介する「新建築」のバックナンバー二冊は今回はじめて読んだ。この高名なアパートについていつ知ったのか覚えていないのだが、最初にその存在感に圧倒されたのは木村俊彦のフリーハンドによるコンセプトスケッチを見た瞬間である（「建築」一九六二年一月号）。その巻頭特集「構造設計家の思索と方法」で紹介されている木村は、晴海について「一品生産的な名建築（?）をねらったごとく時々誤解される」が、足を踏んばった形はインスブルックやバルセロナやパドヴァなどの古い街角にだって見かけることができると、いわば建築家なしの建築との親和性、つまり等身大の建築に引きつけようとする一方で、「大きいレジームを通しさえすれば、一つの区分が何戸に使われようと或いは一戸一戸のデザインがどんなに出鱈目な自由であろうと差支えがないではないか」と立面のスケッチを示し、これは「人工土地の概念のさきがけであった」と言う。大きなレジームは多数の群にしたときこそ特質を発揮する、と。

「人工土地」といえば吉阪隆正の『ある住居』（相模書房、一九六〇年）にも人工土地、とだけ記された一枚のスケッチがあることが当然のように思い出されるが、あれは五層におよぶとはいえ、戸建て住宅のようにもテラスだけを重ねた屋上庭園のようにも見える。またメジャーストラクチャーにとりつく住戸といえば菊竹清訓の「塔状都市」（一九六一年）や黒川紀章の中銀カプセルタワービル（一九七二年）

などもあるが、それは土地というより幹であり、住戸は工業化製品のイメージで成り立っている。さらに時代を下ればニューヨークの設計事務所サイトが描いた（つくるとしたらたぶん鉄骨造の）ガレージのような人工土地がある。そこにずらりと載せられているのは、自動車ではなく屋根つきの戸建て住宅群である。木村の絵は、こうした人工土地や軀幹構造とは違って見える。あえてマンガチックに描いたようなスケッチだが、大架構とその区分を埋めるさまざまな住戸らしきものが拮抗している。架構区分がぎっしりと充塡されているからである。テラスなどの空隙があるのかもしれない。しかしそれもまた虚のボリュームが充塡されたものと読める。私が圧倒されたのは、すでに住みはじめられて数年経った時期に、設計に関わった当事者から晴海の完成されたイメージをみずから揺さぶってみせたその表現によってだった。だから今回あらためて木村の文章を読みなおし、「どんなに出鱈目な自由であろうと差支えがない」から連想したのはブリコラージュ的な「ハウルの動く城」でもあった。木村が提示したのは、その後使われるようになる用語でいえばストラクチャー／インフィルがふさわしいのかもしれない。けれどもその言葉だけでは抜け落ちてしまう決定的な要素がある。それはなんなのか。

それを考えるためにル・コルビュジエによるユニテ・ダビタシオン（住居単位）との比較を最低限しておく必要があるだろう。ピロティ（Les Pilotis）、人工土地（Terrain Artificiel）、住居細胞（Cellule）など晴海高層アパートで用いられた用語はユニテで使われている。ル・コルビュジエの名づけだろう。具体的な規模、期間などはマルセイユのユニテ・ダビタシオン（一九五二年）を対象にする（ユニテ・ダビタシオンはマルセイユのほかにベルリンなどにもつくられた）。「適正規模のユニテ・ダビタシオン」の研究は一九四五年、フランス復興省からまかされ、そのプロジェクトが現実に着工するのが一九四七年十月十四日、竣工が五年後の一九五二年十月十四日、日付の一致はまったくの偶然だと建築家は落成式の挨拶で述べている。この一九四五年から竣工までの間に建て主である政府は十回も変わったが、七代にわたる復興相のユニテへの支持は変わらなかった。このル・コルビュジエの建築ヴィジョンは一九二〇年代までさかのぼれるという。

全長一六五メートル、幅二四メートル、高さ五六メートル、オフィス、店舗などがある中間階を含めて十七層の住居フロアにエントランスホールやピロティの地上階、さらにはプール、幼稚園などの施設を満載した屋上階が加わる。独身者用、子供が二―四人の家庭用など二三タイプの住戸総計は三百七十七戸で、千六百人のキャパシティをもつ。三百七十七戸の住戸タイプの内訳は資料が手元にないので確定できないが、現地で取材できたのは基準タイプ、すなわち三層ごとに内廊下を挟んで入口ドアが向かいあう住戸が上下に組み合わさるメゾネット・タイプ四、五住戸と、後はホテル客室だった。このメゾネット住戸が長大な箱の表と裏、つまり東と西立面の大部分をバルコニーで埋めつくしている。南の妻面もバルコニーが開いた住戸で構成され、反対側の北壁だけは無窓の打ち放しコンクリート面で、共同施設と店舗がある七・八階へ直接アクセスする屋外階段が唯一のアクセントである。駅の方角から車で近づくと最初に見えてくるのがこのヌッと立ち上がるコンクリートの北壁だが、その裏側に集積されている奥行二四メートルの住戸群がこの壁の幅広い厚みをつくりだしているんだという実感が強まる。さらに近づけば力強く繊細な東立面が次第にあらわれてくる。そこから南へ、さらに西側へまわりこんでも、つまり北面を除く三方の立面は同じ蜂窩状のバルコニーのテクスチャーに包まれている。バルコニーは、晴海のようには突出していない。三方の立面は壁と床スラブが織りなす組織の切断面でもあり、バルコニーはそのすぐ内側の生活の出来事として半ばあらわれ、半ば隠されている。廊下もファサードにはあらわれない。大架構も見えない。つまり「細胞」とは住戸単位を指すと同時に、生物学上の構造的、機能的単位でもあるようにユニテの外観からは読めるのである。皮膚を形成するために細胞は見えなくなる。バルコニーの袖壁にランダムに施された色彩は個々の住戸を表出するのではなく、「全体」を感じさせるためのものではないか。そして晴海高層アパートの脚が地に根づくように踏んばっているのに対して、マルセイユのユニテ・ダビタシオンのピロティと人工土地の形状はユニテを空中に浮かせようとしている。ル・コルビュジエの言う大客船のイメージである。

　どちらも軀体は打ち放しコンクリートである。そして川添が晴海高層アパートについて、建設費を主体構造に注いだ結果の仕上げの質素こそ住む人びとに積極的な姿勢を誘発すると評価したのと同じように、ル・コルビュジエも打ち放しコンクリートの「まずい仕上がり」について、いや自分たちにお金がなかったのが幸いしたんだ、モルタル塗りやコテ仕上げによる補修は建物の表皮を鈍らせてしまうからむしろ型枠のもたらすコンクリートのあらゆる表情こそが豊かなのであり、それは古い大伽藍や城郭の石の多様な表情を見学する楽しみの決め手じゃないか、なんて威張っている。事実、当時の日本の建築家たちはこのコンクリート肌の粗々しさこそ打ち放しの真の表現としてとらえ、逆に海外の建築家たちが丹下健三の倉敷市庁舎（一九六〇年）などの打ち放しコンクリートの美しさに傾倒しても、まだ「粗さ」ということの限りない自然への夢を見捨てられなかった。この先、安藤忠雄やさらに戦後世代の子あるいは孫世代の打ち放しコンクリート表現の展開にまで言及できるほどだけれど、川添が記した晴海のゴシック大伽藍にも共鳴する「廃墟」のヴィジョンとル・コルビュジエ独特の開き直り的自己主張の真実性とは、この点においては一致していた。

　マルセイユのユニテは、晴海高層アパートと比較すると構造体の長さ、幅、高さにおいてほぼ一・五倍から三倍、また住戸数において二倍以上になる。しかし外から建物を見上げたときの印象を思い起こしてみると、マルセイユのユニテがそれほど大きかったという気がしない。むしろロマンティックというか、かわいらしい佇まいに見えた。芝生に覆われた高台の敷地を一棟だけが斜めに横断するように建っている印象だった。粗々しい外壁といってもル・コルビュジエによる魅力的なレリーフがあしらわれ、エントランスホールでは彼のステンドグラスが輝く光を集めているせいもある。長年の「適正規模」研究がたしかに熟成している。ユニテにはヒューマンスケールといえるものがある。

対して、晴海高層アパートは街中の高密度団地の一角に建つ。北側全景を脚元までそっくり見渡せる道路もけっして広いとはいえないから、飾り気のない打ち放しコンクリートが迫ってくる。この場所で長く建ちつづけることを夢見、託された巨大さがある。実現という局面だけをみればわずか数年を隔てるにすぎない日本とフランスの二棟の集合住宅の対比には、時代と社会状況が切り離せない。絶対的なスケールの差は住戸平面決定案にいたるプロセスのうちに否応なく読みとれる。そのなかには中廊下メゾネット案（ル・コルビュジエのマルセイユのアパートのような、と注記されている）もあるが、一戸当たり面積の絶対的狭小さで当然のごとく破綻している。各戸はフラットにせざるをえない。もちろん各階に片廊下という案も計画視野にあっただろうが、それにはいっさいふれられていない。ただちに「北側廊下三階一組の構成」が検討され実現される。そして大架構と住戸とがともに強調される。すなわち日本のこれからの高層集合住宅という何か得体の知れぬものを相手にする課題に向かったのである。

これが晴海高層アパートと呼ばれる「巨大さ」のうちに集められた力であった。すなわち都市の夢あるいは悪夢である巨大な建築はヴィジョンという不滅を生き、現実に向かうに際してはいちばん小さな部分から確かめられなければ成立しなかった。ここからその後の日本の集合住宅に引き継がれたもの、すなわち非日常的な架構体を確かな生活の場として実現することを強迫観念といえるまでの真摯さで建築家たちが追求した歴史については次の機会を待ちたいが、晴海という試行は歴史の通過点である以上に、そこに見られた夢の凝固によってすでに最終地点に建っている建築であった。一九五〇年代から現在にいたる日本の集合住宅設計と生活の問題をすべて拾おうとしていた。その遺産はいかに詳細をきわめてもただの記録ならば時とともに矮小化し、実物が残されてさえいれば間違いなく大きくなっていく。その理由によっても晴海高層アパートは消されるべきではなかった。

次ページ・マルセイユのユニテ・ダビタシオン屋上。
268ページ・カサ・ミラ、住戸のドアノブ

あとがき

集合住宅は断片からの建築である。

この本でいちばん言いたかったことがそれで、理由は本文のあちこちでふれているから、あらためて論ずる煩雑は避けたいが、全体より断片が優位な建築には象徴の表現も様式の統一もない。そのことをいささか極論的に強調しているかもしれない。そのために順を追って作品事例を紹介するのではなく、項目別という断片からみていく構成になった。その結果同じ事例が何度も繰り返し登場する羽目になってしまったが、かわりに、小さな地味な作品事例や、有名な集合住宅でもあまり紹介されることのない局面や細部を拾うことができた。内外の近現代建築通史などをみると、登場する作品事例もその概要説明もだいたい同じにならざるをえないという限界がある。そのような建築史上の選択や評価にとりわけ集合住宅はおさまりきれない。といった着想をこの小文に反映させたかった。断片から始めてそこを膨張させるような、古い記憶とか、たとえばランボーにたいする必要以上に余計な注釈とかにけっこうこだわっている。実際に現地を訪ねての報告もあるけれど、それは現実の確認ではなく、断片の描写の最たるものという自覚によっている。そこにさまざまな人、家族が住んできた、いまも住んでいるという果ての見えない大きな全体への感覚の前で、そこを訪ねただけによる確認はその断片性を絶対化する。オーナーの意志の投影が建築全体に明らかにうかがえる戸建て住宅とは違うところだ。

とりあげた作品事例は十九世紀末から二十一世紀はじめのほぼ百年間の、私が直接取材したものに限っている。集合住宅のプロトティピカルな発見がもっとも直截に集中した百年間であり、その断片をひとつの建築に統合した瞬間に、それまでの全体をこえる新たな建築が見えてきた。そんな百年間。

それ以降の、とくに日本の若い建築世代による集合住宅はまた別の魅力を帯びてあらわれてきているが、その解読にはもう少し時間が必要だろう。

「30講」は積水ハウスの集合住宅関係の顧客向けの広報誌「gm」の二〇〇五年からほぼ十年間連載したコラムで、最初は国内外の集合住宅の歴史をわかりやすく五、六回でという依頼だったのが長引いて二十七回にもなってしまった。今回まとめるにあたっては加筆や項目新設など、またタイトルも構成も原型をとどめないほど大きく変わった。連載時は読者の姿が見えにくく、長い年月のあいだに担当者も何度か変わったが熱心にフォローしていただいた。

「「起源」をさぐる」は「新建築」二〇〇五年八月、二〇〇七年二月、二〇〇八年八月の三号にわたっての連載で、こちらは本文はほぼそのまま。この連載は三回に終わらず、まだ続けたいということも聞いていたので、四回分は自発的に四国まで取材に行き、東京に帰ってきて設計事務所の当時の担当者へのインタビューも終えていた。しかしその後はたぶん担当編集者の異動のために立ち消えになった。でもいま読み返してみると、三回だけでも起源をさぐるという問題意識をもつことのまたとない機会をいただいたと思う。

連載時のタイトルは、前者は「集合住宅モダニズム」、後者は「現代集合住宅のオリジンを探る」。写真はすべてモノクロのプリントかカラーポジからの製版で、いまでいうフィルムカメラによる撮影である。ほぼ四十年にわたる取材はそのどれもがいまも「現在」のままで記憶されているために、その後の変貌をフォローすることにはやや無頓着であり、また容易にフォローできないほど現実の移り変わりは目まぐるしい。そこはご寛恕いただきたい。

これまでみすず書房から出していただいた五冊と同様、編集から造本まで編集部の遠藤敏之さんにすべてお願いした。というより、私の言うことはほとんど聞いてもらえない。編集者としては私もうるさいほうだと思っているが、その編集やデザインへのこだわりは遠藤さんからみれば不健康な偏りにすぎない。遠藤さんは、だから編集者というより整体の先生。

二〇一五年十月

植田 実

CLOSED
HOURS PM TO PM

図版索引

＊（ ）内に設計者、建設地、竣工年を示す。別称、事業名、プロジェクト名、世界遺産登録名などは冒頭に掲げ、解体年は末尾に記し、重複箇所、不明の項目は省略した。

ア行

アトリウム（早川邦彦, 東京都中野区, 1985年） p.94, p.153
アブラクサス（リカルド・ボフィル, ノアジー・ル・グラン, 1983年） p.64-65, p.73
アレクサンドラ・ロード・エステート（ニーヴ・ブラウン, カムデン・ロンドン特別区, 1978年） p.49 下
アンチゴネー（リカルド・ボフィル, モンペリエ, 1979-1997年） p.176-177
――エシェル・ド・ラ・ヴィル（1987年） p.176 下
――モンペリエ都市圏共同体庁舎（1991年） p.176 上
――レジダンス・ノンブルドール（1984年） p.177
池上の集合住宅（元倉眞琴, 東京都大田区, 1989年） p.137 上
石川県営諸江団地（現代計画研究所ほか, 金沢市, 1980年） p.144
ヴァイセンホーフ・ジードルンク（全体計画ルードヴィヒ・ミース・ファン・デル・ローエ, シュトゥットガルト, 1927年） p.160-162
――ハンス・シャロウン棟 p.161 下, p.162
――ペーター・ベーレンス棟／マルト・シュタム棟 p.161 上, p.162
――ミース・ファン・デル・ローエ棟 p.160, p.162
エイヘンハールト集合住宅（ミケル・デ・クラーク, アムステルダム, 1919年） p.13-14, p.136
オートフォルム通りの集合住宅（クリスチャン・ド・ポルザンパルク, パリ13区, 1979年） p.168 上左・下

カ行

カサ・ミラ（世界遺産「アントニオ・ガウディの作品群」, バルセロナ, 1910年） p.27, p.48, p.268
カステル・ベランジェ（エクトール・ギマール, パリ16区, 1898年） p.6, p.17-18, p.140
ガラララテーゼ集合住宅D棟（アルド・ロッシ, ミラノ, 1973年） p.36, p37 上, p.76 上
カール・ザイツ・ホーフ（フーバート・ゲスナー, ウィーン21区, 1932年） p.60 下
カール・マルクス・ホーフ（カール・エーン, ウィーン19区, 1930年） p.4-5, p.60, p.62, p.68, p.211-213
環境共生住宅ラメール中名団地（松永安光ほか, 鹿児島市, 2006年） p.148 下
環境共生住宅ハーモニー団地（松永安光ほか, 鹿児島県南さつま市, 2006年） p.149

木場公園三好住宅（坂倉建築研究所, 東京都江東区, 1982 年） P.205
岐阜県営住宅ハイタウン北方南ブロック（総合コーディネーター磯崎新, 本巣郡, 1 期 1998 年, 2 期 2000 年） P.165 下
—— S-1 棟（高橋晶子）/ S-4 棟（妹島和世） P.165 下
熊本県営保田窪第一団地（くまもとアートポリス 2, 山本理顕, 熊本市, 1991 年） P.96-97
熊本県営竜蛇平団地（くまもとアートポリス 35, 元倉眞琴, 熊本市, 1994 年） P.37 下
熊本市営新地団地 B 棟（くまもとアートポリス 9, 緒方理一郎, 1992 年） P.165 上
グランド・ボルヌ（エミール・アイヨー, グリニー, 1971 年） P.173
グリシーヌ・ヴィラ（アラン・サルファティ, エヴリ, 1981 年） P.169 上
クローゼ・ホーフ（ヨーゼフ・ホフマン, ウィーン 19 区, 1925 年） P.53
欅ハウス（HAN 環境・建築設計事務所, 東京都世田谷区, 2003 年） P.88 上右
コナ・ヴィレッジ（長谷川逸子, 兵庫県尼崎市, 1990 年） P.196-197
コープオリンピア（清水建設, 東京都渋谷区, 1965 年） P.128 上

サ行

サヴォワ邸（ル・コルビュジエ, ポワシー, 1931 年） P.34
桜台コートビレジ（内井昭蔵, 神奈川県横浜市, 1970 年） P.181, P.239-242
桜台ビレジ（内井昭蔵, 神奈川県横浜市, 1969 年） P.180, P.235-237
ジーメンスシュタット・グロースジードルンク（世界遺産「ベルリンのモダニズム集合住宅群」, 全体計画ハンス・シャロウンほか, 1929-1931 年） P.49 上, P.104
——第 2 ブロック（ヴァルター・グロピウス, 1930 年） P.10, P.104
——第 3 ブロック（フーゴー・ヘーリング, 1930 年） P.49 上
シャトー・デ・ランティエ通りの高齢者用住宅（クリスチャン・ド・ポルザンパルク, パリ 13 区, 1979 年） P.168 上右
ステップス（早川邦彦, 東京都国立市, 1987 年） P.93, P.95
スパイラル（ツヴィ・ヘッカー, ラマト・ガン, 1989 年） P.189 上
草加松原団地（日本住宅公団, 埼玉県草加市, 1962 年） P.204 上
ソーン自邸（ジョン・ソーン, カムデン・ロンドン特別区, 1814 年） P.142

タ行

タウンハウス諏訪（多摩ニュータウン, 山設計工房, 東京都多摩市, 1979 年） P.204 下
高根台団地（日本住宅公団, 千葉県船橋市, 1961 年） P.200-201
同潤会青山アパートメント（東京都渋谷区, 1926-1927 年, 解体 2003 年） P.20
同潤会江戸川アパートメント（東京都新宿区, 1934 年, 解体 2003 年） P.23-25, P.67, P.133, P.216
同潤会大塚女子アパートメント（東京都文京区, 1930 年, 解体 2003 年） P.21 上左・下
同潤会清砂通アパートメント（東京都江東区, 1927-1929 年, 解体 2002 年） P.21 上右
同潤会代官山アパートメント（東京都渋谷区, 1927 年, 解体 1996 年） P.1, P.272
ドゥビナー・ハウス（ツヴィ・ヘッカー, ラマト・ガン, 1963 年） P.188
都住創 13 号「スパイヤー」（中筋修, 安原秀, 大阪市中央区, 1987 年） P.130

ナ行

中銀カプセルタワービル（黒川紀章, 東京都中央区, 1972 年） P.137 下, P.138

中島ガーデン（松永安光, 静岡県富士市, 1996 年） P.148 上
長野市今井ニュータウン（元オリンピック選手村, デザインコミッショナー渡辺定夫, 1998 年） P.88 上左・下, P.89, P.145
—— A 工区（新居千秋） P.145 上
—— B 工区（長谷川逸子） P.88 下
—— C 工区（内藤廣, 宮本忠長） P.88 上左
—— E 工区（松永安光） P.145 下
—— G 工区（遠藤剛生） P.89
日本会館（東京都渋谷区, 1939 年, 解体 1995 年ごろ） P.154
ネクサスワールド（コーディネート磯崎新, 福岡市東区, 1991-1992 年） P.156-157
—— 8 号棟（マーク・マック, 1991 年） P.157 下
—— 9・10 号棟（レム・コールハース, 1991 年） P.157 上
—— 11 号棟（スティーヴン・ホール, 1991 年） P.156

ハ行

バイカー・エステート（ラルフ・アースキン, ニューキャッスル・アポン・タイン, 1971-1982 年） P.61, P.76 下, P.113 下, P.114, P.124, P.210
端島日給社宅（鉱員社宅 16-20 号棟, 軍艦島アパート, 世界遺産「明治日本の産業革命遺産」, 長崎市, 1918 年） P.2-3, P.215
バービカン・エステート（チェンバリン, パウエル＆ボン, シティ・オブ・ロンドン, 1966-1976 年） P.44-45, P.69, P.113 上, P.125
——アンドリュース・ハウス（1969 年） P.125
——ギルバート・ハウス（1969 年） P.44-45, P.69 下右
——シェイクスピア・タワー（1976 年） P.69 上
——デフォー・ハウス（1973 年） P.69 上・下左
——ローダーデール・タワー（1974 年） P.69 上・下左
晴海高層アパート（晴海団地 15 号館, 前川國男, 東京都中央区, 1958 年, 解体 1997 年） P.251-257, P.261
ハーレン・ジードルンク（アトリエ 5, ベルン, 1961 年） P.80-82, P.84-85
ピカソ・アリーナ（マノロ・ニュネズ・ヤノヴスキー, ノアジー・ル・グラン, 1983 年） P.57
ビラ・グロリア（大谷研究室, 東京都渋谷区, 1972 年） P.232
ビラ・セレーナ（坂倉建築研究所, 東京都渋谷区, 1971 年） P.231 下
ビラ・ビアンカ（堀田英二, 東京都渋谷区, 1964 年） P.231 上
ビラ・モデルナ（坂倉建築研究所, 東京都渋谷区, 1974 年） P.219, P.224, P.228-229
ヒルサイドテラス（槇文彦, 東京都渋谷区, 1969-1992 年） P.108-110
—— B 棟（第 1 期 1969 年） P.110
—— C 棟（第 2 期 1973 年） P.109
—— E 棟（第 3 期 1977 年） P.108 下
—— F・G 棟（第 6 期 1992 年） P.108 上
フランクリン通りのアパート（オーギュスト・ペレ, パリ 16 区, 1903 年） P.16
フンデルトヴァッサー・ハウス（フリーデンスライヒ・フンデルトヴァッサーほか, ウィーン 3 区, 1986 年） P.56 上, P.120-121

ボッラーテ集合住宅（グイド・カネッラ, ミラノ, 1978年） P.77上

マ行

マルセイユのユニテ・ダビタシオン（ル・コルビュジエ, 1952年） P.33, P.40-41, P.73, P.100-101, P.208, P.267
三鷹天命反転住宅（荒川修作＋マドリン・ギンズほか, 東京都三鷹市, 2005年） P.193-194
宮崎台ビレジ（内井昭蔵, 神奈川県川崎市, 1971年） P.243-245
モルパの社会福祉住宅（アンリ・ゴダン, サン・カンタン・アン・イヴリーヌ, 1981年） P.169下

ラ行

ラウヒシュトラッセ・シュタットヴィラ（ベルリン国際建築展, ロブ・クリエ, ミッテ区, 1987年） P.164
ラビリンス（早川邦彦, 東京都杉並区, 1988年） P.153下
ラモト・ハウジング（ツヴィ・ヘッカー, エルサレム, 1975年） P.56下, P.189下
レイクショアドライブ・アパートメント（ミース・ファン・デル・ローエ, シカゴ, 1951年） P.28-29
六甲の集合住宅Ⅰ（安藤忠雄, 兵庫県神戸市, 1983年） P.184-185
ロミオとジュリエット（ハンス・シャロウン, シュトゥットガルト, 1959年） P.8, P.49, P.105

A–Z

NEXT21（大阪ガスNEXT21建設委員会, 大阪市天王寺区, 1993年） P.128下

図版提供

Atelier5 Archiv（photograph by Balthasar Burkhard） P.82
早川邦彦建築研究室 P.94
山本理顕設計工場 P.98
内井建築設計事務所 P.236-237, P.240-241, P.244-245
前川建築設計事務所 P.256-257

著者略歴

（うえだ・まこと）

1935年，東京に生まれる．早稲田大学第一文学部フランス文学専攻卒業．「建築」編集スタッフ，「都市住宅」（1968年創刊）編集長，「GA HOUSES」編集長などを経て現在，住まいの図書館出版局編集長．2003年度日本建築学会文化賞受賞．著書『ジャパン・ハウス』（写真・下村純一，グラフィック社 1988）『真夜中の家――絵本空間論』（住まいの図書館出版局 1989）『アパートメント』（写真・平地勲，平凡社コロナ・ブックス 2003）『集合住宅物語』（写真・鬼海弘雄，みすず書房 2004）『建築家五十嵐正――帯広で五百の建築をつくった』（写真・藤塚光政，西田書店 2007）『都市住宅クロニクル』（全2巻，みすず書房 2007）『住まいの手帖』（みすず書房 2011）『真夜中の庭――物語にひそむ建築』（みすず書房 2011）、共著『植田実の編集現場――建築を伝えるということ』（ラトルズ 2005）『いえ　団地　まち――公団住宅設計計画史』（住まいの図書館出版局 2014／日本建築学会著作賞）ほか．

植田実

集合住宅30講

2015年11月13日　印刷
2015年11月25日　発行

発行所 株式会社 みすず書房
〒113-0033 東京都文京区本郷5丁目32-21
電話 03-3814-0131(営業) 03-3815-9181(編集)
http://www.msz.co.jp

本文組版 キャップス
本文印刷所 加藤文明社
扉・表紙・カバー印刷所 リヒトプランニング
製本所 誠製本

© Uyeda Makoto 2015
Printed in Japan
ISBN 978-4-622-07924-8
[しゅうごうじゅうたくさんじゅっこう]
落丁・乱丁本はお取替えいたします